세계의 리더들이
논리학을
배우는 이유

세계의 리더들이
논리학을
배우는 이유

치루루齐露露 지음 | 권소현 옮김

HC books

contents

머리말

논리학이란 사유의 규칙에 대한 연구입니다. 논리와 논리학의 발전은 구체적 논리 → 추상적 논리 → 구체적 논리와 추상적 논리가 통합된 대칭 논리의 세 단계를 거쳐 왔습니다.

논리학은 사유를 연구하는 학문이라고 말할 수 있습니다. 모든 사유에는 내용과 형식이 포함됩니다. 사유의 내용이란 사유가 반영되는 대상과 그 속성입니다. 사유 형식이란 사유의 내용을 표현하는 다양한 방식으로 대상과 그 속성의 다양한 방식을 반영한 것입니다.

논리학의 추상적 사유에는 개념, 명제, 추론의 세 가지 기본 형식이 포함됩니다. 또한 논리학은 협의와 광의로 나뉘기도 합니다.

협의의 논리학은 연구와 추리를 하는 학문을 지칭하는 것으로 전제에서 결과를 유도하는 방법을 연구합니다.

광의의 논리학은 사유 형식, 사유 규칙, 사유 논리 방법을 연구하는 학문입니다. 광의의 논리학이 연구하는 범위는 협의의 논리학보다 더 넓을 뿐만 아니라 전통적인 인지의 일종으로 철학 연구와 관계가 있습니다.

논리학은 전통, 현대, 변증, 연역, 귀납, 유추 비교, 고전, 비고전 등등 그 체계가 매우 방대하고 복잡합니다.

논리학은 오랜 시간 사람들과 함께해 왔습니다. 논리학에는 고대 그리스 형식 논리, 중국 선진시대 명변明辯 논리, 고대인도의 인명因明 논리라는 3대 기원이 있습니다. 이 논리들은 오랜 시간이 흐를수록 폭넓게 활용되어 왔습니다.

논리학은 기초적인 학문으로, 논리학 기본 이론을 연구할 때 학문에 보편적으로 적용되는 원칙과 방법을 중시합니다. 또한 논리학은 도구적인 학문으로, 기초학문을 포함한 모든 학문에 분석, 비판, 추리, 논증을 위한 도구를 제시합니다. 논리학의 중요성이 얼마나 큰지 알 수 있습니다.

'논리학'이라는 방대하고 과학적인 개념을 대하면 곤혹스럽고 아득해지나요? 논리학적 사유, 분석, 추론에 관해 이야기하면 머릿속이 혼란스럽고 복잡해지나요? 사실 논리학을 이해하는 것은 어렵지 않습니다. 《재미있는 논리학》은 여러분들이 쉽고 재미있게 논리학 세계에 입문하도록 이끌어 주는 책입니다. 논리학에 대해 잘 모르더라도, 혹은 전혀 기초가 없더라도 이 책을 읽고 나면 논리학이 더는 두렵지 않을 것입니다.

이 책은 논리학의 기초 원리, 논리학에서 자주 사용하는 용어, 논쟁을 위한 지침, 사유논리의 초석을 다지는 법, 논리의 기현상, 비논리적 사유의 근원, 논리학에서의 또 다른 체계, 수와 양의 논리, 논리의 특이한 역설, 언어와 대인관계 소통, 논리의 생장과 변동 등 다양한 내용을 담고 있어 논리학을 좋아하거나 관심이 있는 분에게 도움이 될 것입니다.

논리학은 새로운 형식에 직면해 있습니다. 따라서 새롭게 출현한 논리학 문제에 대해 이 책은 자세하게 설명합니다. 그것은 달라지고 변화하는 형세 속에서 여러분에게 필요한 것이자 논리학을 확장하는 과정이기도 합니다.

또한 이 책은 실용성 위주의 논리적 상식 해설, 수업 형식을 빌려 논리학 지식 설명, 재미있는 논리적 현상 제시, 복잡하고 어려운 논리학 용어의 단순화, 쉽게 다가가는 논리적 이론 설명이 특징입니다.

논리학은 지혜와 행복을 얻는 예술입니다. 우리가 사회에서 교류할 때 가장 먼저 고려하는 것이 논리학입니다. 논리학은 우리의 생활과 밀접한 관계가 있기 때문입니다. 학업, 일, 대인관계 등 논리학 지식과 원리는 어디에서나 필요합니다.

이 책의 목적은 심오한 이론을 가르치거나 복잡한 지식을 습득하고 논리적 문제를 분석하는 것이 아닙니다. 이 책을 읽고 나면 우리는 논리학자처럼 사고하고, 논리학자의 사유 방식을 통해 문제를 고민하고, 논리학적 방식으로 문제를 해결하게 될 것입니다. 이 책을 통해 우리는 선택하는 방법, 올바른 결정을 하는 방법, 이성적으로 생활하는 방법을 배우게 될 것입니다. 논리학을 이해하면 미래는 더욱 밝게 빛납니다! 논리학은 똑똑한 사람들의 선택입니다. 이 책을 열고 논리학 여행을 함께 시작해 볼까요.

클레어 이야기

젊은 변호사 클레어. 평소에 자기관리가 철저하고 일에 대한 욕심도 많지만 가끔 변호할 때 역부족이라고 느껴지면 더없이 속상하다. 클레어가 소속된 로펌의 후배는 변호사가 된 지 얼마 되지 않았지만 뛰어난 실력에 벌써 사람들의 주목을 받고 있다. 클레어는 그런 그녀가 마냥 부럽기만 하다.

어느 날, 안건 하나를 마무리한 클레어는 로펌에 들어서는 그 후배와 마주쳤다. 클레어는 후배에게 시간 좀 내어 달라고 부탁했다.

함께 점심 식사를 하는 자리에서 화제는 자연스럽게 변호에 대한 이야기로 흘러갔다. 클레어가 기운 빠진 얼굴로 이야기했다.

"이 바닥에 들어선 지 이삼 년이나 지났는데도 아직도 뭔가 부족하다는 느낌이 들어. 넌 실력이 꽤 좋던데, 비결이 뭐야?"

클레어의 이야기를 들은 후배는 묘하게 웃으며 대답했다.

"비결은요, 덕망 높은 선배들에게 가르침을 좀 받았을 뿐이에요."

클레어가 믿지 못하겠다는 듯이 물었다.

"선배라니? 로펌에 있는 선배들하고 얘기도 별로 안 하잖아. 도대체……."

후배는 클레어의 말을 끊었다.

"솔직히 말하면, 요즘 논리학 수업을 듣고 있어요."

클레어는 의아했다.

"논리학 수업? 대학 졸업한 지 얼마나 됐다고 무슨 수업을 또 들어?"

후배는 웃으며 조용히 말했다.

"이 수업, 강사가 범상치 않아요. 선배도 저랑 같이 한번 가 봐요!"

클레어는 반신반의한 눈빛으로 후배를 바라봤다. 하지만 그래도 밑져야 본전이라는 생각에 후배와 함께 고풍스러운 건물을 찾았다.

"선배, 다 왔어요. 들어가요!"

두리번거리던 클레어는 후배의 말에 육중해 보이는 문을 밀었다.

01

아리스토텔레스
'논리의
마지막 방어선'

#아리스토텔레스 #명언 #논리학_진리 #표현의 관계
#논리적 사고력 향상 #나는 진리를 더 사랑한다
#형상과 질료의 조화

아리스토텔레스 | BC 384 - BC 322

고대 그리스의 철학자. 위대한 지성으로 존경받는 철학자, 과학자, 교육자이며
그리스 철학을 집대성했다. 플라톤의 제자였으며, 알렉산더 대왕의 교육을 담당
했다.
백과사전적 학자로서 거의 모든 학문에 기여한 아리스토텔레스의 연구는 윤리
학, 형이상학, 심리학, 경제학, 정치학, 교육학, 시, 아테네 법률 등을 망라했다.
그의 저서는 도덕, 미학, 논리, 과학, 정치, 현학 등 서양 철학의 광범위한 체계를
구축했다.

나의 스승을 사랑하지만, 진리를 더 사랑한다

강의실 가운데에는 수염까지 희끗희끗한 백발의 노인이 서 있었다. 린넨 소재의 옷을 몸에 걸치고 시원해 보이는 샌들을 신은 노인은 예사롭지 않은 분위기를 풍겼다.

"무슨 코스프레를 하는 건가?"

미심쩍은 시선으로 노인을 바라보던 클레어는 나지막이 중얼거렸다.

곧 노인이 자신을 소개하기 시작했다.

"안녕하십니까, 여러분의 논리학 멘토인 아리스토텔레스입니다."

놀란 표정을 지은 클레어가 사람들을 둘러보니 직장인도 있었고 학생들도 있는 것 같았다. 자신처럼 처음 온 사람으로 보이는 몇 빼고는 모두 차분한 표정이었다. 후배는 눈을 찡긋하며 웃고는 클레어의 팔을 끌어당겨 함께 앉았다.

자리를 찾아 앉는 사이 아리스토텔레스는 나이가 느껴지지만 우아한 목소리로 말했다.

"오늘은 여러분의 멘토 자격으로 논리학 지식을 알려드릴까 합니다. 이미 아시겠지만, 저에게는 플라톤이라는 유명한 스승이 있었지요."

플라톤이라는 이름이 나오자 여기저기서 고개를 끄덕였다.

아리스토텔레스의 눈빛에 그리움이 번졌다.

"플라톤은 유일한, 그리고 최초라는 말이 어울리는, 지금은 그 어디에서도 찾을 수 없는… 그런 사람이었지요!"

분명 마음속에서부터 우러나온 것이라 느껴지는 아리스토텔레스의 말에 몇몇은 동의하지 않는 듯했다.

정갈한 양복 차림의 한 청년이 웃으며 말했다.

"아리스토텔레스 선생님. 선생님의 스승이었던 플라톤을 존경하시는 것처럼 말씀하시는군요. 하지만 선생님이 말씀하신 철학의 내용과 방법은 플라톤과 상당한 대립을 이루었습니다. 선생님은 심지어 스승인 플라톤의 오류를 날카롭게 비판하기도 하셨죠. 그 부분에 관해서 설명해 주시겠습니까?"

놀란 클레어는 아리스토텔레스의 안색을 살폈다. 아리스토텔레스가 바로 앞에 서 있는데도 저렇게 대놓고 비판을 하다니, 아리스토텔레스가 화내지 않을까?

클레어는 곁눈질로 주위를 살폈다. 예상대로 우려하는 표정의 학생들이 많았다.

하지만 아리스토텔레스는 온화하게 웃었다.

"진리를 탐구하는 길을 가면서 권위와 전통을 두려워해서 될까요? 나는 스승을 존경하지만, 스승이라는 이유만으로 잘못을 모르는 척할 수는 없지요. 존경심 때문에 무작정 나의 눈을 가릴 수는 없었어요."

아리스토텔레스는 생각에 잠겨 있는 학생들을 바라보며 침착한 목소리로 이야기를 이어갔다.

"나는 플라톤의 제자였지만 플라톤의 유심론唯心論적 관점은 반대했습니다. 나의 스승은 '이념이 실물의 원형이고, 이념은 실물에 의존하는 것이 아니라 독립적으로 이 세상에 존재한다'고 생각했지요. 하지만 나는 그렇게 여기지 않았어요. 세상은 다양한 것으로 이루어졌고, 그것들 자체의 형상形相과 질료質料가 조화를 이루며 이 세상을 함께 만들었다고 생각했습니다."

클레어는 아리스토텔레스의 그 유명한 이론을 잘 알고 있었다. '질료', 즉 사물을 구성하는 재료이고, '형상'은 모든 사물의 개별적인 특징이다.

아리스토텔레스는 클레어의 생각을 읽기라도 한 것처럼 웃으며 말했다.

"날개를 푸드덕거리고 있는 닭이 한 마리 있다고 생각해 볼까요. 닭이라는 '형상'은 날개를 푸드덕거릴 수 있고, 소리를 내어 울 수도 있고, 알을 낳을 수도 있지요. 그 닭이 죽게 된다면 닭의 '형상'도 존재하지 않게 됩니다. 그때 유일하게 남게 되는 것이 바로 '질료'이지요."

학생들이 하나둘씩 고개를 끄덕였다. 과학이 발달한 오늘날의 사람들은 쉽게 세상을 유물론적 관점으로 받아들일 수 있다. 하지만 고대 그리스 시대, 특히 플라톤의 수업을 들었던 아리스토텔레스가 이런 생각을 해내고, 감히 스승의 권위에 대항한다는 것은 결코 쉽지 않은 일이었을 것이다.

아리스토텔레스의 표정에서 아련함이 느껴졌다. 생각이 그를 머나먼 그때로 데려간 듯했다. 아리스토텔레스는 차분한 어조로 이야기를 이어갔다.

"플라톤은 감각이 지식의 원천이 될 수 없다고 단호히 말했어요. 하지만 난 지식은 감각에서 기인한다고 생각했습니다. 그 당시 저의 사상에는 유물론唯物論 적 요소가 반영되어 있었지요."

아리스토텔레스의 말투와 표정에 매료되기 시작한 클레어는 문득 로펌의 한 선배가 떠올랐다. 클레어의 대학 선배였던 그는 학점도

높았고 동아리 활동도 활발하게 해서 후배들 사이에서 소위 '팬클럽'이 형성되어 있었다. 클레어도 그 팬클럽 중 한 사람이었다.

졸업 후 클레어는 선배가 있는 로펌에 취직하게 되었고, 클레어를 알아본 선배는 보자마자 '충고'를 했다.

'변호사는 진실을 파헤치는 게 아니라 너를 고용한 고객을 보호하는 거야.'

클레어는 지금까지 선배의 말을 성경처럼 신봉해 왔다. 그 말의 옳고 그름을 생각해 본 적 없는 것은 두말할 필요도 없었다. 아리스토텔레스의 이야기를 듣고 난 후에야 선배의 '후광'에 눈이 멀어 스스로 생각할 기회를 잃어버렸다는 것을 깨달았다.

아리스토텔레스는 말했다.

"사실 나도 스승처럼 이성적인 방안과 목적은 모든 자연 과정을 이끌어가는 원리라고 생각합니다. 하지만 인과성에 관해서는 내가 스승보다 조금 더 풍부한 견해를 갖고 있었지요."

학생처럼 보이는 한 여성이 손을 들었다. 아리스토텔레스의 허락을 받은 그녀가 물었다.

"선생님, 스승의 권위에 공개적으로 도전하셨는데 당시 여론이 선생님께 좋지 않은 영향을 미치지는 않았나요? 요즘도 스승에게, 특히 권위에 도전한다면 사회적으로 온갖 질타를 받게 되거든요!"

아리스토텔레스는 웃으며 손을 흔들어 자리에 앉으라는 제스처를 보냈다. 그는 허심탄회하게 말했다.

"물론 그 당시 나의 생각은 많은 사람들의 비난을 불러일으켰지요. 모두 내가 '자신의 스승을 배반한 배은망덕한 제자'라고 말했어요. 하지만 난 그 사람들에게 이렇게 대답했습니다. '나의 스승을 사랑하지만 진리를 더 사랑한다!'"

기나긴 역사의 강에서 오랜 시간 울림이 되어 왔던 이 말은 자리에 있던 모두의 마음속에 쉽게 사라지지 않고 긴 여운을 남겼다.

논리에 관심을 가져라,
인생에 더 관심을 가져라

클레어는 아리스토텔레스의 말에 스스로 생각하고 진리를 추구하는 것이 권위에 영합하는 것보다 더 중요하다는 것을 깨달았다. 아리스토텔레스의 '나의 스승을 사랑하지만 진리를 더 사랑한다'라는 말에 학생들의 마음은 쉽사리 가라앉지 않았다.

아리스토텔레스가 학생들을 바라보며 웃었다.

"비록 저와 스승인 플라톤은 진리를 두고 대립했지만, 플라톤이라는 위대한 스승이 있었기에 지금의 아리스토텔레스가 있다는 것은 부인할 수 없는 사실입니다."

중년의 남성이 등을 바르게 펴고 아리스토텔레스에게 질문했다.

"질문이 있습니다. 우리는 어떻게 해야 선생님처럼 우수해질 수 있을까요? 저는 의미 없는 인생을 살고 싶지 않습니다."

아리스토텔레스가 웃으며 대답했다.

"많은 곳에서 이미 여러 차례 말한 적이 있는데 우수함이라는 것은 일종의 습관입니다. 더 가치 있는 인생을 만드는 방법이 무언인지에 물어보신다면 저는 논리학에 의존해야 한다고 생각합니다. 인생의 갈림길에서 우리는 많은 선택을 하게 됩니다. 인생이라는 것은 쉽게 말하면 논리적 사유를 통해 끊임없이 선택하고 결과를 낳는 과정입니다."

모두 고개를 끄덕였다. 겪어봤거나 겪고 있듯이 인생에서 갈림길은 너무 많고 선택을 해야 하는 경우가 너무 많다. 논리적이지 못하면 잘못된 선택을 할 수밖에 없고 자신에게 불리한 영향을 불러 평생 후회할 수도 있다.

아리스토텔레스가 이어서 말했다.

"어떤 사람은 선택할 때 빠른 길만 찾아가며 남들과 다른 길을 선택했다는 생각에 만족합니다. 어떤 사람은 착실히 원래 있던 길을 밟아가며 한 걸음씩 다른 사람이 갔던 길을 나아갑니다. 우리는 어떤 인생이 더 의미가 있는지 말할 수 없습니다. 확률로 이야기하자면 논리학을 알고 있는 사람은 확률이 높은 길을 선택합니다."

아리스토텔레스가 아리송해 하는 학생들을 바라보며 설명을 덧붙였다.

"확률이 높은 일의 경로를 선택해 일을 마무리한다면 성공할 가능성이 크다는 것을 의미합니다. 만약 여러분이 능력은 부족하지만 위험을 무릅쓰고 다른 사람이 가지 않았던 길을 간다면 참고할 수 있는 경험이 없어 실패할 확률이 더 커집니다."

모두 고개를 끄덕였다. 클레어 자신 역시 세상에 구애받지 받지 않고 신념을 따라, 때에 따라서는 지름길을 선호하는 그런 사람이다. 선배들은 그런 자신을 보며 '요즘 애들은 남이랑 다른 것을 좋아한다'라고 말하기도 했다.

오늘 아리스토텔레스의 말을 듣고 보니 자신이 논리학 측면에서 얼마나 부족한 사람이었는지 알게 되었다.

아리스토텔레스가 말했다.

"물론 한 걸음씩 다른 사람이 갔던 길을 따라가더라도 인생 선배들의 경험을 그대로 복제하지 않도록 주의해야 합니다."

셔츠 차림의 청년이 참지 못하고 질문했다.

"그건 왜 그런가요?"

아리스토텔레스가 말했다.

"앞서 말한 것처럼, 능동적으로 사고하는 것을 배워야 합니다. 여러분 생각해 보세요, 경험은 한 사람이 특정 시기, 특정 공간에서 자신의 실제 상황에 따라 한 선택의 결과입니다. 사람마다 처한 상황이 다르고 어떠한 일에 직면한 시기, 장소, 인물들도 모두 다릅니다.

따라서 경험은 완전히 복제해서는 안 됩니다. 하지만 본질은 복제할 수 있습니다. 사물의 본질을 인지해야 성공에 한 걸음 더 다가갈 수 있습니다."

모두 고개를 끄덕이며 동의했다.

"논리학이 인생에서 하는 역할은 매우 큽니다. 인생은 기회와 변화로 가득 차 있습니다. 인간이 가장 의기양양할 때 가장 큰 불행이 찾아옵니다."

아리스토텔레스가 이어서 말했다.

"저는 근면함과 노력을 중시해 온 사람입니다. 제가 얼마나 성실한 사람이었는지 조금은 알고 계실 것이라고 생각합니다."

아리스토텔레스의 말을 부정할 생각이 없었다. 아리스토텔레스의 근면함에 대해 익히 들어 알고 있었기 때문이다.

"논리학에서 인생의 궁극적인 가치는 단지 생존이 아니라 각성과 사고의 능력입니다. 예를 들어 열심히 노력하는 것은 업무 향상을 위해서, 사업의 번창을 위해서, 더 나은 삶을 위해서입니다. 사회적 교류 역시 인생에서 중요한 부분으로, 논리는 대인 관계에 방법을 제시하기도 합니다."

고개를 끄덕이며 경청하는 사이 머리를 하나로 묶은 여학생이 아리스토텔레스의 말을 끊었다.

"논리학은 이성적인 것이지만 친구를 사귀는 것은 감성적인 것이잖아요, 이성적인 사고로 친구를 사귀면 슬프지 않을까요?"

같은 생각을 하고 있던 클레어는 아리스토텔레스가 어떤 고견을 들려줄지 궁금해 더 집중했다.

아리스토텔레스는 여학생의 질문에 마치 종소리와 같은 울림이 있는 목소리로 말했다.

"불행할 때는 도움이 되는 친구가 필요합니다. 행복할 때는 고상한 친구가 더욱 필요합니다. 불행할 때 친구를 찾는 것은 필수적입니다. 행복할 때 친구를 찾는 것은 고상함을 위해서입니다."

모두 아리스토텔레스의 말을 음미하는 표정이었다. 클레어도 깊은 생각에 빠졌다.

사실 친구를 사귈 때의 목적은 두 가지이다. 하나는 마음을 기댈 수 있는 친구, 또 하나는 필요에 의한 친구이다. 혼란스러운 세상에서 마음을 알아주는 친구는 많지 않다. 특히 사회에 발을 디딘 후 친구를 사귀는 목적은 물질적인 필요에 의해서인 경우가 많다.

클레어도 요즘 연락하고 있는 사람들은 고등학교나 대학교 동창이 아니라 병원, 경찰서, 공무원 등 다양한 업종의 지인들이다. 물론 진심으로 그들과 친구 사이를 유지하고 있지만 조금이나마 실리를 따진 측면이 없지 않다.

아리스토텔레스가 과거 했던 말을 다시 한 번 학생들에게 들려주었다.

"깃털이 같은 새는 함께 모입니다. 진정한 친구는 두 개의 몸이 하나의 영혼을 품고 있는 것과 같습니다. 마음을 알아주는 친구라 할지라도 친구에게 바라는 것이 있다면 그것은 바로 심리적인 필요입니다. 따라서 친구를 사귀는 과정에서 논리학을 활용해야 합니다."

모두 아리스토텔레스의 논리적 사유에 탄복했다. 클레어는 물질적으로 서로 이용하지 않는 친구가 바라는 것이 없는 순수한 친구라고 생각해 왔다. 아리스토텔레스의 말을 듣고 난 후에야 심리적인 필요 역시 사회생활의 필요의 일종이라는 것을 알게 되었다. 논리적 사유는 정말 중요하다.

아리스토텔레스는 학생들의 음미가 채 끝나기도 전에 또 주옥같은 이야기를 이어갔다.

"물론, 사회생활에는 다양한 교류가 포함됩니다. 상사에 대한 겸손함은 본분이고 동료에 대한 겸손은 선량함입니다. 아랫사람에 대한 겸손은 고귀함이고 모든 사람에 대한 겸손은 안전입니다."

모두 무언가에 취한 것처럼 아리스토텔레스의 명언을 음미했다. 한 남학생이 말했다.

"선생님의 말씀은 항상 깊은 생각을 하게 합니다. 선생님의 은사님도 굉장히 자랑스럽게 생각하실 것입니다!"

자리에 있던 학생들의 웃음이 강의실에 퍼지자 아리스토텔레스의 미소도 이어졌다.

나는
속았을까?

수강생들의 필기가 마무리될 때쯤 아리스토텔레스가 천천히 입을
열었다.

"제가 이곳에 온 후 이상한 현상을 발견했습니다. 많은 아이들이
굉장히 열심히 공부합니다. 심지어 밤늦은 시간까지 잠도 마다하고
공부합니다. 하지만 성적은 만족할 만큼 오르지 않습니다. 왜 그럴
까요?"

서로 얼굴을 쳐다볼 뿐 말이 없었다. 모두 그렇게 된 이유에 대해
선뜻 말하지 못했다. 클레어는 조카를 떠올렸다. 조카는 공부를 열
심히 하는 모범생이다. 선생님이 한 번 가르쳐 준 문제는 절대 틀리
는 법이 없었다. 하지만 문제를 다른 형식으로 바꾸면 이해하지 못

했다. 가족들도 이 때문에 고민이 많았다. 아리스토텔레스는 생각에 잠긴 듯한 수강생들의 얼굴을 보고는 입을 열었다.

"사실 이유는 매우 간단합니다. 그 아이들은 논리력이 부족하기 때문입니다!"

그 말에 클레어는 정신이 번쩍 들었다. 대학 졸업 논문을 한창 쓰던 때가 기억났다. 클레어와 다른 친구들은 일찌감치 논문 준비를 시작했는데 한 친구는 하루 종일 드라마에만 푹 빠져 있었다. 하지만 대부분 이삼 개월 걸린 논문을 그 친구는 일주일 만에 완성했다. 뿐만 아니라 교수님은 그 친구가 논문을 잘 썼다고 공개적으로 칭찬까지 하셨다. 심지어 논문 준비에 많은 시간을 할애한 것 같다는 말씀까지 하셨다. 논리는 정말 중요한 것이다!

또 다른 일도 생각났다. 로펌의 상사가 새로운 업무를 줄 때마다 클레어는 머릿속이 녹아내리는 것 같았다. 하지만 다른 동료는 새로운 문제나 업무가 생기면 곧 침착하게 단서를 제시하며 하나하나 풀어갔다. 클레어는 자신이 그들보다 논리적 사고력이 부족하다는 것을 깨달았다.

아리스토텔레스가 웃으며 말했다.

"사실 그건 그다지 중요한 것이 아닙니다. 여러분에게 질문을 해 보겠습니다. 누군가에게 속았던 경험이 있습니까?"

이 말이 나오자 학생들은 잠시 이러쿵저러쿵 이야기하기 시작했다. 소매 깃을 팔까지 접어 올린 한 남학생이 일어나 호들갑을 떨며 말했다.

"한번은 전화를 받았더니 상대방이 제 이름을 알고 있더군요. 경찰청이라고 하면서 엄숙한 말투로 이야기를 시작했어요. 하지만 저는 쉽게 속는 성격이 아니었기 때문에 상대방에게 오히려 큰소리를 쳤죠. 그랬더니 상대방의 어조가 누그러지면서 아주 전문적인 이야기를 건넸고, 저는 혼란스러워졌죠. 뭔가 잘못되었다는 느낌이 들었을 때는 이미 몇백만 원을 상대방 계좌에 송금한 이후더라고요."

모두가 한바탕 크게 웃었고, 아리스토텔레스도 웃으며 앉으라는 의미로 손을 흔들었다.

"사실 사기꾼도 저만의 논리가 있어요. 그 논리의 갈고리는 일단 여러분을 붙잡으면 서서히 유혹에 빠지도록 조종합니다."

한 여학생도 말했다.

"우리 할머니는 매달 '만병통치약'이라고 홍보하는 건강보조식품을 비싼 가격에 구매하세요! 문제는 그 식품이 효과가 전혀 없다는 거예요. 하지만 할머니는 그래도 계속 사세요. 그 사기꾼은 논리를 이해하지 못하는 사람들을 현혹하는 것 같아요! 할머니에게 신중하게 고민하시라고 말씀드려도 마찬가지예요!"

아리스토텔레스는 여학생을 보며 고개를 끄덕였다.

"금전적인 사기를 당할 수도 있고 생각지도 못한 황당한 사기를 당할 수도 있습니다. 그런 사기 행각을 저지르는 사람이 당신의 지인일 수도 있습니다. 그들이 하는 말도 정말 말이 되는 것 같지요."

아리스토텔레스는 또 다른 예를 들었다.

"내 친구들 자식들은 모두 결혼했단다, 너도 이제 결혼해야지."

"그녀는 나를 좋아하지 않는데. 그렇다면 나를 싫어한다는 뜻이지."

"이건 내가 제일 좋아하는 음식인데, 너 왜 안 먹어?"

"이 책은 내가 쓴 건데 틀릴 리가 있겠어?"

"공부 열심히 해야 해. 공부를 못하면 좋은 학교에 못 가고, 좋은 학교에 가지 못하면 좋은 일자리를 찾지 못하고, 거지가 될 수도 있어. 나중에 거지가 되고 싶어서 지금 공부하지 않는 거야?"

"그가 이미 사과했으니, 용서해 줘."

모두 웃었다. 클레어도 피식하고 웃음이 나왔다. 고대 그리스의 철학자가 현대 사회에 대해 이렇게 잘 알고 있을 줄은 생각도 못 했다.

아리스토텔레스는 학생들이 웃고 난 후 이야기를 계속했다.

"이런 이상한 사유 방식을 우리 생활에서 자주 접할 수 있습니다. 이러한 말들은 논리적 문제가 많습니다. 이렇게 말할 수 있겠군요. 논리학은 인류의 가장 강력한 '도구'입니다. 그렇다면, 논리학이란 무엇일까요?"

아리스토텔레스가 말했다.

"어떠한 사건의 빈틈을 토론하고, 사실의 배후에 있는 논리를 연구하는 것, 그것이 바로 논리학입니다! 우리의 삶 속에서 언제나 논리학을 활용할 수 있고 인생 곳곳에서 논리학이 필요합니다."

클레어는 일을 하며 마주했던 다양한 사건사례들이 떠올랐다. 확실히 요즘은 젊은 사람이든 중년이든 노년층이든 논리적 추리 능력을 키우고 이성적으로 사고해야 사기를 피할 수 있다. 아리스토텔레스가 말했다.

"은행이나 검찰청에서 돈을 송금하라는 것, 가족에게 사고가 발생했으니 돈을 부치라는 것, 경품에 당첨되었으니 먼저 돈을 내라는 것, 어디에 투자하라는 것 등은 논리적 사고력만 있다면 쉽게 속지 않고 이성적인 사유 능력을 활용해 진위를 판단할 수 있습니다. 사기꾼들의 사기 행각을 간파하고 확실히 거절하려면 자신의 생각에 굳건한 믿음이 있어야 합니다!"

강의실에서 우레와 같은 박수 소리가 쏟아졌다. 아리스토텔레스는 자리에서 일어나 유쾌하게 그리스식 인사를 했다. 그리고 학생들의 박수를 받으며 천천히 강단에서 내려왔다.

CHAPTER

02

베이컨
'논리적 수사'

#베이컨 #전통_논리_비판 #논리적_사유_능력 #논리적_수사_능력
#언변 #수탉_귀납법 #말솜씨
#일람표_존재표_부재표_정도표

프랜시스 베이컨 | 1561 ~ 1626

초대 세인트 알반 자작(1st Viscount St Alban), 영국 르네상스 시절 산문가, 철학가, 영국 유물주의 철학자이다. 실험과학과 근대 귀납법의 창시자이자 과학연구 절차를 논리적으로 조직한 선구자이다. 주요 저서로는 《신기관》, 《학문의 진보》, 《대혁신》 등이 있다.

프랜시스 베이컨은 '유물주의 1세대'라고 불린다. 그는 철학 분야에서 유물주의 경험론에 대한 일련의 원칙을 제시하고 체계적인 귀납 논리를 제정했다. 마르크스, 엥겔스는 그를 '영국 유물주의의 초대 창시자'라고 일컬었다.

기존 논리의
비판

다음날, 클레어는 시간에 맞춰 어제의 고풍스러운 건물로 들어섰다. 아리스토텔레스가 준 감동의 여운이 아직 다 가시지 않았다.

사실 클레어는 논리학을 잘 모른다. 그냥 '논리학 바보'라고 해도 될 정도다. 그래서 더더욱 논리학을 배우고 싶어졌다. 언제나 규칙을 잘 지켜왔던 클레어는 자신의 사유 방식에 의문을 가져 본 적이 없었다. 다른 사람의 사유 방식에도 역시 의문을 가져 본 적이 없었다. 아리스토텔레스의 수업은 그런 그녀에게 논리학의 문을 열어줬다.

클레어가 강의실에 들어와 보니 수강생들이 이미 자리를 거의 가득 메웠다. 겨우 자리를 찾아 앉으니 오늘의 논리학 선생님이 강단 중앙으로 천천히 걸어 들어왔다.

선생님이 들어오자 여기저기서 킥킥거리며 웃는 소리가 들렸다.

세상에, 옷차림이 너무 이상했다. 이 더운 날에 중절모를 쓰고 있고, 뾰족한 턱에는 짧은 수염이 촘촘히 나 있었다. 목에는 물결무늬의 머플러까지 두르고 있었다. 딱 봐도 통풍이라고는 전혀 되지 않을 것 같은 옷을 입은 영국 신사의 모습이었다. 흡사 트럼프 카드 J에 등장하는 인물 같았다.

'이 괴상한 복장의 선생님이 논리학을 가르친단 말이야?'

그런데 학생 몇몇이 동그래진 눈으로 중앙에 서 있는 선생님을 바라보며 낮은 목소리로 수군거렸다.

"와! 봐봐! 프랜시스 베이컨이야!"

프랜시스 베이컨이라고? 클레어는 순간 숨이 막혔다. 자칭 '논리학 바보' 클레어도 프랜시스 베이컨이라는 이름은 당연히 들어봤다.

프랜시스 베이컨은 자신의 머플러를 만지작거리며 말했다.

"안녕하십니까. 오늘의 논리학 멘토인 프랜시스 베이컨입니다. 날씨가 정말 덥군요."

시원스럽게 옷을 입은 남학생이 손을 들고 말했다.

"프랜시스 베이컨 선생님, 오늘 같은 날 왜 조금 더 가볍게 입지 않으셨나요? 이렇게 더운 날에 머플러라니요."

프랜시스 베이컨은 전혀 그렇지 않다는 듯이 말했다.

"신사와 예절의 상징인데 어떻게 벗어 버립니까?"

남학생은 이해할 수 없다는 듯이 말했다.

"신사라는 호칭은 옷차림 때문에 얻을 수 있는 것이 아닌데, 그렇게 세세한 것까지 신경 쓸 필요가 있을까요?"

프랜시스 베이컨의 눈빛이 날카로워졌다.

"나와 논리적 사유를 증명하는 변론을 하자는 건가요? 학생이 지금 전통 논리학의 오류를 범하고 있다는 것을 알고 있는겁니까?"

남학생의 얼굴이 붉게 달아올랐다. 무슨 말을 하는지 이해가 가지 않았다. 전통 논리학이라니?

프랜시스 베이컨은 목을 가다듬고 말했다.

"전통 논리학은 자연을 이해하는 수단으로 쓰인 것이 아니라 논쟁에서 상대방을 이기는 것에만 연연한 기술에 불과했습니다. 즉 전통 논리학은 오직 변론에만 활용되고 상대방이 어떠한 관점에 동의하도록 강제합니다. 하지만 사물에 대한 새로운 지식은 파악할 수 없어요. 제가 과학적 귀납법을 제정할 때 전통 논리학을 신랄하게 비판한 적이 있었죠!"

프랜시스 베이컨은 아직 붉은 기운이 가시지 않은 남학생을 보고 다시 부드럽고 온화한 말투로 말했다.

"물론 학생이 나쁜 의도로 말한 게 아니었다는 건 잘 알아요. 사람들은 모두 자신의 생각을 가지고 있어요. 변론의 형식으로 다른 사람을 자기 생각대로 행동하게 하는 것은 신사가 할 일이 아니죠."

남학생은 고개를 끄덕이고 수긍하며 자리에 앉았다. 프랜시스 베이컨이 말했다.

"잘됐네요, 제 경험을 통해 여러분께 전통 논리학의 단점을 설명해 드리겠습니다."

모두 이야기를 듣기 위해 귀를 쫑긋 세웠다.

프랜시스 베이컨이 말했다.

"내가 활동하던 시대에는 교회가 모든 것을 장악했습니다. 교회 세력은 과학에 반기를 들었고 과학 실험을 무시했습니다. 그들은 스콜라 철학의 논리를 이용해 하느님의 존재를 변호했습니다. 재미있는 점은 교회의 논리로 이용된 스콜라 철학은 아리스토텔레스의 학설에서 비롯되었음에도 그의 학설을 왜곡했다는 것입니다. 그렇게 스콜라 철학의 논리는 사람들의 생각을 속박했고 과학의 진보와 발전을 심각하게 저해했습니다."

모두 프랜시스 베이컨의 설명과 함께 암울했던 그 시절로 돌아간 듯했다.

"물론 나는 그런 현상을 발견한 후 스콜라 논리가 자연과 생활에서 동떨어졌다고 비판했습니다. 스콜라의 '철학자'들은 몸은 사원과 아카데미에 묶여 있고, 지혜는 좁은 동굴 속에 갇혀 있다고 비난했죠."

프랜시스 베이컨은 계속 말을 이어갔다.

"교회의 소위 '이론'이라는 것은 머릿속에 있던 억측을 언어로 표현한 문자 유희였습니다. 그러한 '이론'은 생산적 의미가 전혀 없습니다. 실질적인 효과와 실속이 없다는 얘기입니다. 인간에게 도움이 되지 않고 자연과 세계에 대한 인식과 개선에 기여할 수 없는 타락한 학문입니다."

프랜시스 베이컨은 득의양양한 말투로 말했다.

"나는 전통 논리학을 첨예하게 비판했습니다. 당시 스콜라 철학의 사상을 직접적으로 공격해서 사람들이 답답한 고정 관념을 벗어나도록 도와주었으며 경전을 연구하는 사람들의 사상적 사슬을 풀어 주었습니다. 또한 사물을 연구하고 발견할 때의 법칙을 밝히려면 새로운 경로와 방법이 있어야 한다고 주장했습니다. 나 역시 새로운 방법의 창립으로 장애물을 없앴지요."

"그 새로운 논리는 무엇이었나요?"

클레어는 자기도 모르게 질문을 던졌다. 프랜시스 베이컨은 자랑스러운 얼굴로 말했다.

"새로운 논리는 바로 내가 수립한 그 위대한 귀납법입니다."

모두 크게 웃었다. 프랜시스 베이컨도 허세를 부릴 줄 아는구나. 자신의 귀납법을 그 위대한 귀납법이라고 말하다니. 하지만 그의 귀납법은 확실히 그렇게 불릴 만한 법칙이다. 학생들이 귀를 기울이며 프랜시스 베이컨의 강의를 들을 준비를 시작했다.

귀납법
이야기

전통 논리가 과학의 발전에 도움이 되지 않을 뿐만 아니라 사람들의 사상을 속박한다고 생각한 프랜시스 베이컨은 새로운 논리 방법을 만들기로 했다.

프랜시스 베이컨이 말했다.

"잘못된 방향으로 달리기를 한다고 가정해 봅시다. 노력하면 할수록, 빨리 달리면 빨리 달릴수록 점점 더 방향을 잃게 되겠죠. 나는 사람들이 활용할 수 있는 유용한 논리를 소개하고, 새로운 도구를 발명해서 사람들에게 알리는 것이 내가 할 일이라고 생각했습니다. 그래서 전통 논리를 비판하면서 관찰과 실험을 기반으로 하는 과학적 귀납법을 제시했습니다."

프랜시스 베이컨은 힘을 주어 말했다.

"귀납법이란 사물 속에서 공리公理와 개념을 찾는 합당한 방법이라고 생각합니다. 또한 정확한 사유와 진리 탐구를 위한 중요한 도구입니다."

프랜시스 베이컨이 계속 말했다.

"내가 제시한 귀납법은 소거 귀납법입니다. 기존의 열거 귀납법은 소수의 예증 증거가 되는 전례가 축적된 것이기 때문에 그 결론은 신뢰성이 떨어지고, 상반되는 예증이 나타나면 결론이 뒤집힐 때도 있곤 했었죠. 나는 소거 귀납법이 더 과학적이라고 생각합니다."

프랜시스 베이컨이 계속 말했다.

"또한 귀납법에서 발전한 불완전 귀납법은 국제적으로 명성을 얻었습니다. 이 불완전 귀납법을 '수탉 귀납법'이라고도 합니다."

클레어가 놀라서 물었다.

"'수탉 귀납법'이라고요?"

프랜시스 베이컨이 클레어를 바라보며 웃었다.

"자, 예를 들어주면 바로 이해할 겁니다. 한 농부의 아내가 있습니다. 농부의 아내는 닭 열 마리를 키웠죠. 농부의 아내는 암탉이 크면 달걀을 얻고 수탉은 백일 정도 기른 후에 잡아 먹을 생각이었습니다. 한편 수탉은 '첫날 아침에 사료를 먹고, 둘째 날 아침에도 사료를 먹었고, 구십구 일 동안 아침마다 사료를 먹었으니 백 일째인 오늘도 사료를 먹겠지'라고 생각합니다. 하지만 농부의 아내는 백 일째가 되던 날 수탉을 잡습니다. 수탉은 구십구 일 동안 사료를 먹은 경험이 있지만 백 일째 되는 날도 사료를 먹을 것이라는 것을 증명할 수 없었죠."

클레어는 정말 놀랐다. 이런 논리라니… 심오하구나. 관례에 따라 문제를 생각해서는 안 되는 것이었다.

프랜시스 베이컨은 계속 말했다.

"그리고 내가 제시한 귀납법에서는 분석이 매우 중요합니다."

학생들의 아리송한 표정을 본 프랜시스 베이컨이 재차 설명했다.

"다시 말해서 복잡하고 혼란스러운 사물에서 본질이 아닌 것, 우연인 것을 없애고, 추상적이지만 필연적인 본질을 뽑아냅니다."

이해한 듯한 학생들의 표정을 보자 흡족한 베이컨이 이야기를 계속했다.

"이를 위해 '일람표'를 제시해 감성적 자료를 정리했습니다. 자, 여러분은 아직 '일람표'가 뭔지 생소할 거라고 생각합니다. 내가 설명해 드리죠."

학생들은 겉으로 드러내진 않았지만 베이컨의 말에 다행이라 생각했다.

"'일람표'라는 것은 인과적 관계를 찾는 방법입니다. '일람표'는 '존재표'^{탐구대상의 본성이 존재하는 알려진 모든 사례}, '부재표'^{탐구대상의 본성이 부재하는 사}

례(부정적 사례), '정도표'탐구대상의 본성이 서로 다른 정도로 존재하고 있는 사례(비교표)로 나뉩니다. 이 세 가지 표의 기능은 이성적인 예증을 제시하기 위해서입니다."

베이컨은 학생들의 얼굴을 훑어보며 말을 이었다.

"기존의 귀납 논리는 분석 방법에 활용되지 못했고 예증을 부정하는 리스트가 없다는 점이 아쉬웠습니다. 만약 예증을 부정하는 리스트^{부재표}가 있고 분석법에 활용됐다면 '정도표'에서 사물의 인과 관계가 더 쉽게 드러나고 인과의 필연성을 탐색하는 데 도움이 되었을 것입니다."

클레어는 고개를 끄덕였다. 프랜시스 베이컨 사상의 원천은 어느 정도 아리스토텔레스의 사상의 영향을 받은 것 같았다. 하지만 프랜시스 베이컨은 자연을 파악하려면 자연을 '구성 요소'로 분해한 후 이해해야 한다고 생각하는 것이 아리스토텔레스와 달랐다. 프랜시스 베이컨의 귀납법이 탐구하는 것은 사물의 질료나 물체 속에 들어 있는 단순한 본성들, 즉 단순한 성질의 형상이었다.

베이컨이 말했다.

"나는 완고한 스콜라 철학자들을 비난했을 뿐만 아니라 고지식한 경험주의자 역시 비난했습니다. 그들의 인식 방식은 사람들에게 진리를 줄 수 없다고 생각했습니다. 사람들은 감성적인 경험과 이성적인 분석 능력을 종합해야 정확한 인지가 가능합니다!"

학생들은 고개를 끄덕였다.

"자연현상의 원인과 규율을 인식하려면 상상과 추측에만 의존해서는 절대 안 됩니다. 직접 관찰과 실험을 해야 진리가 주는 달콤함을 맛볼 수 있습니다."

클레어를 포함한 학생들은 들을수록 흥분됐다. 프랜시스 베이컨의 귀납 논리의 기초와 출발점은 철학자들의 직관이 아닌 과학자들의 실천이었다.

"마르크스는 '유물론은 베이컨이 소박한 형식을 통해 씨를 뿌렸다'라고 말했습니다. 나의 귀납법 이론에는 일부 소박한 변증법적 요소가 포함되어 있습니다."

베이컨이 엄지로 자신을 가리키며 가슴을 곧게 펴고 말했다.

클레어와 학생들은 웃었다. 이 위대한 학자는 지구의 절반을 사로잡았던 마크르스를 만들어낸 사람일 수도 있다는 생각이 들었다. 프랜시스 베이컨이 말했다.

"나의 귀납 논리는 전통 논리와 다릅니다. 전통 논리는 변하지 않고 경직된 일종의 교조주의입니다. 그러나 나의 귀납 논리는 계속 발전합니다. 이런 이야기를 한 적이 있습니다. '귀납법은 완벽한 것도 아니고 개선이 필요한 부분을 수용하지 않는 것도 아니다. 그러한 것들을 발견하면서 전진하고 또 전진한다.' 이 말은 나의 귀납 논리가 정확하다는 것을 설명합니다."

머리를 양 갈래로 땋은 여학생이 부러움 가득한 얼굴로 물었다.

"선생님, 제가 어떻게 해야 선생님과 같은 뛰어난 언변을 갖게 될까요?"

프랜시스 베이컨은 여학생의 칭찬을 듣자 웃었다.

"뛰어난 언변을 갖는 방법은 매우 간단합니다. 최고의 방법은 자신의 논리적 사고력을 단련하는 것입니다!"

언변,
논리적 사고의 단련부터

프랜시스 베이컨의 말에 클레어는 자기도 모르게 귀를 쫑긋했다. 변호할 때의 문제가 바로 표현 능력의 부족이라는 것을 스스로 잘 알고 있었다. 가끔 하고 싶은 이야기가 너무 많은데도 어떻게 입을 열어야 할지 모르겠고, 결국 상대 변호사가 승기를 잡을 때가 종종 있었다.

뛰어난 말솜씨를 갖는 것, 클레어에게 너무나 필요한 것이었다.

프랜시스 베이컨은 학생들의 표정을 보더니 쉬지 않고 말을 이어 갔다.

"뛰어난 말솜씨는 논리적 사고력을 키우는 것부터 시작한다고 말한 이유가 뭘까요? 우선 논리적 사고 능력이 강하면 이야기의 구조를 세우고 앞뒤 말이 맞지 않는 상황을 피할 수 있습니다. 또는 같은 말을 반복적으로 하면서 언어 표현 효과를 떨어뜨리지 않습니다."

클레어는 계속 고개를 끄덕였다. 그것이 바로 자신의 부족한 점이었다.

"둘째, 논리적 사고력을 어떻게 단련시킬지 생각해야 합니다. 풍부한 체험은 강력한 무기가 될 것입니다. 생각해 보세요, 경험이 풍부하다면 할 수 있는 이야기가 많아지고 이야기 내용도 풍부해집니다."

클레어 주변의 몇몇 학생들이 고개를 끄덕이는 것이 보였다. 프랜시스 베이컨의 말이 그들의 마음속으로 전달된 듯했다.

"그리고 흥미와 취미를 계발하는 것도 필요합니다. 주변에서 '전문가'들을 많이 발견할 수 있습니다. 그들은 다른 사람이 뭐라고 하든 좋아하는 일에 집중하고 그 일에 대해 많은 것을 알고 있고 또 유창하게 표현합니다."

고개를 끄덕이던 클레어는 참지 못하고 질문했다.

"선생님, 저는 변호사입니다. 어떻게 해야 더 설득력을 가질 수 있을까요?"

베이컨은 클레어를 유심히 본 후 말했다.

"변호사는 정말 좋은 직업이죠. 변호할 때 말로 상대방에게 영향을 주고 싶다면 평소에 연습할 때 말의 속도, 톤, 말투 등에 유의해야 합니다. 상황에 맞게 사용한다면 사람들의 감각에 영향을 줄 수 있습니다."

클레어는 감사의 의미로 미소를 진 후 자리에 앉았다. 베이컨이 주위를 둘러봤다.

"여러분, 모두 이런 경험이 있을 겁니다. 생각이 너무 많고 자신의 논리적 사유가 매우 혼란스러운 때 말입니다. 예를 들어 어떤 일을 하려는데 머릿속에서 갑자기 하지 못한 다른 일이 생각나면서 혼란스러워지는 때가 있죠. 계획표를 만들지만 새로운 변화가 닥쳐오면 계획은 무의미해집니다. 일에 변화가 생겼을 때 생각이 많아지지만 어찌할 줄 모르게 되는 것이죠."

베이컨이 장난스럽게 웃었다.

"그리고 어떤 학생들은 제 강연의 문맥을 잡지 못합니다. 책을 볼 때 앞선 내용을 자꾸 잊어버려서 뒷부분의 내용과 연결할 수 없습니다. 상사나 고객과 이야기할 때 상대방의 의도를 재빠르게 알아채거나 의미 있는 대답을 할 수 없지요."

한 남학생이 즉시 답했다.

"선생님의 말씀이 정말 맞습니다. 사람들은 제가 말솜씨가 좋지 않고, 반사 신경도 느리다고 합니다. 하고 싶은 이야기는 많은데, 무엇부터 말을 해야 하는지 모르겠습니다. 결국은 일이 제가 생각했던 방향대로 발전하지 못해요. 나름대로 계획을 세우지만 변화하는 상황을 따라가지 못해 답답합니다. 오늘 선생님의 말씀을 듣고 나서야 말솜씨와 논리적 사고력이 일맥상통한다는 것을 깨닫게 되었습니다. 논리적으로 혼란스러운 사람이 어떻게 말솜씨가 좋을 수가 있겠어요?"

베이컨은 웃으며 손을 저었다.

"지금과 같은 이야기를 한다는 것은 이미 논리력을 향상시키는 길을 가고 있다는 것을 의미합니다. 축하합니다! 우선 자신의 논리적 문제의 근원을 인식했군요. 생각이 너무 많으면 바로 정돈이 되지 않죠. 둘째, 자신이 느끼는 문제의 원인을 발견했습니다. 일이 기대한 방향으로 발전하지 않고 계획도 순조롭게 진행되지 않았던 것이죠. 마지막으로 좋은 말솜씨의 기초는 논리적 사고력을 단련하는 것이라는 것을 인식했어요. 그렇다면 학생의 논리력은 스스로 평가하는 것보다 더 강합니다."

남학생은 수줍은 듯이 머리를 긁적였다. 프랜시스 베이컨이 이어서 말했다.

"내가 하고 싶은 이야기는, 여러분은 어쩌면 논리력을 키울 수 있는 훌륭한 방법을 이미 알고 있다는 것입니다. 단지 그것을 의식하지 못했을 뿐이죠. 자신의 생각을 종이에 적어 보세요. 쓰는 것, 이것은 생각을 정리하는 과정입니다. 글을 쓰다 보면 생각이 더욱 명확해지고 더 잘 생각하는 데 도움이 됩니다."

베이컨이 말을 잠시 멈췄다가 남학생을 향해 말했다.

"생각이 너무 많다면 자신의 생각을 종이에 한 줄 한 줄 써 보세요. 가장 중요한 일이 무엇인지 명확하게 알게 됩니다. 그다음 가장 중요하지 않은 일이 무엇인지 나열해 보세요. 필요하지 않은 것을 정리해 가는 것은 손실을 막는 방법입니다."

남학생은 크게 공감하며 박수를 쳤다.

"선생님 말씀이 맞습니다. 맹목적으로 행동하느라 불필요한 에너지까지 낭비했어요. 에너지를 남겨서 유익한 일에 써야겠습니다."

베이컨이 동의했다.

"맞습니다, 그렇게 한다면 무모함을 피할 수 있습니다. 종이에 열거된 명확해진 생각들처럼 학생의 논리적 사유 역시 정리를 거치면서 스스로에게 질문을 던지게 될 것입니다. '이것은 내가 원하는 것인가?' 그렇게 되면 학생의 고민은 점점 줄어들게 될 것입니다."

말이 끝나자 강의실에 큰 박수 소리가 퍼졌다. 프랜시스 베이컨은 학생들에게 허리 굽혀 인사하고는 천천히 학생들의 시선에서 사라졌다.

흄
'사유논리의
초석을 다져라'

#흄 #사유_논리 #회의주의 #독립적_사고_능력
#정성분석 #10_가지_분석법 #인성론 #인상과_관념
#회색지대

데이비드 흄 | 1711 ~ 1776

영국 스코틀랜드 출신의 철학자, 경제학자, 역사학자로 스코틀랜드 계몽운동 및 서양철학사에서 중요한 인물 중 한 사람으로 여겨진다. 20대 후반 『인간본성론』을 출간하였고, 이외에도 『인간 오성에 관한 탐구』 『도덕의 원리들에 관한 탐구』 등 다양한 주제의 저술을 남겼다. 또한 총 여섯 권으로 구성된 『영국사』로 철학자로서의 명성 못지않게 대중의 인기를 얻기도 했다. 데이비드 흄의 철학은 경험주의자 존 로크와 조지 버클리의 영향을 받았으며, 아이작 뉴턴, 프랜시스 허치슨, 애덤 스미스 등의 이론을 흡수했다.

진위 판별을 위한 명제와 정의

프랜시스 베이컨의 수업은 클레어에게 의미가 깊었다. 논리학을 조금이나마 이해할 수 있었고 지적 능력과 말솜씨 향상을 위한 논리 능력을 단련할 수 있는 방법을 깨달았다.

오늘 클레어는 일찌감치 강의실로 들어섰다. 오늘은 또 어떤 논리학 선생님이 오실까? 이런저런 생각과 함께 자리에 앉은 클레어는 지난 수업 내용을 다시 되새겨 보았다.

그때 스코틀랜드 전통 복장을 한 '부인'이 가벼운 걸음으로 강단에 올라섰다. 이 여선생님이 오늘의 강연자이신가?

모두 강단을 올려보았다. '부인'은 유쾌한 남자 목소리로 인사했다.

"안녕하세요! 오늘 논리학을 가르칠 데이비드 흄입니다."

데이비드 흄은 학생들의 놀란 표정을 보며 만족하는 듯했다. 하지만 학생들은 데이비드 흄이라는 이름 때문에 놀란 것이 아니었다. 분명히 여선생님의 모습인데 남자 목소리가 들리니 놀란 것이다.

한 남학생이 사과했다.

"데이비드 흄 선생님, 죄송합니다. 사실 저희는 여선생님이라고 생각했습니다."

학생의 말을 듣자 이번에는 데이비드 흄이 놀란 표정을 지었다.

"뭐… 뭐라고요? 하하하, 어서 수업을 시작해야겠군요."

데이비드 흄은 기침을 한 번 하고 칠판에 '진위 판별'이라고 썼다.

"여러분, 이 뜻이 무엇인지 알고 계십니까?"

모두 고개를 끄덕였다. 데이비드 흄이 말했다.

"진위 판별, 거짓된 사물을 변별한다는 뜻입니다. 방금 남학생이 말한 것처럼 제가 약간 여성스러운 분위기를 풍기기는 하지만 논리학의 사유 방법을 활용해서 현상을 통해 본질을 봐야 합니다. 내 외모에는 남자로서의 특징도 많습니다!"

모두 멋쩍어서 웃었다. 데이비드 흄은 눈을 찡긋했다.

"좋아요. 이번 수업은 거짓을 가려내고 진실을 남기는 방법을 알아보도록 합시다."

데이비드 흄은 손뼉을 치며 학생들을 집중시켰다.

"거짓을 가려내고 진실만 남기려면 논리학의 정성분석법을 알아야 합니다. 연구 대상을 질적으로 분석하는 정성분석은 연구 대상의 '있고 없음'과 '맞고 틀림' 문제를 해결합니다. 구체적으로, 귀납과 연역, 분석과 종합, 추상과 개괄 등 방법을 활용해 대상의 본질을 인식하고 내재적인 규율을 알아낸다는 목적을 달성합니다!"

한 여학생이 작은 목소리로 말했다.

"짙은 안개를 걷어내고 사물 본래의 모습을 보는 것이죠."

데이비드 흄이 동의했다.

"맞습니다. 사물의 본질을 봐야 사물을 정확하게 묘사하고 다른 사물과의 관계를 말할 수 있습니다. 물론 이것은 사물 지표의 고저, 장단, 크기 등 개념적 기준만 판별할 수 있습니다. 정성분석과 정성 연구는 분석종합, 비교, 추상화 및 개괄화의 세 단계로 나뉩니다."

교수 분위기를 풍기는 한 중년 신사가 안경을 끌어올리며 질문했다.

"그렇다면, 사물을 어떻게 정성 분석할 수 있을까요?"

데이비드 흄은 두 손을 뻗으며 웃었다.

"방법은 매우 간단합니다. 총 열 가지인데, 이 열 가지 방법만 배우면 사물의 본질을 잘 인식할 수 있을 겁니다!"

모두 귀를 기울였다. 데이비드 흄이 웃으며 말했다.

"첫 번째 방법은 인과분석법입니다. 이 방법은 인과의 위치를 분명히 하고 인과의 대응에 주의해야 합니다. 모든 결과는 원인으로부터 야기되고, 일정한 원인은 일정한 결과를 낳기 때문입니다. 인과는 하나하나 대응되어야 하며 뒤섞이면 안 됩니다. 또한 다양한 방향과 방식으로 인과분석을 하는 것도 다각적인 사유에 도움이 됩니다."

클레어가 고개를 끄덕였다. 원인이 있으면 결과가 있다는 것, 클레어도 잘 알고 있는 이치였다. 데이비드 흄이 말을 이어갔다.

"두 번째 방법은 가역분석법입니다. 결과인 한 현상이 원인이 될 수 있을까요? 그것 역시 사물의 본질을 바로 알 수 있는 좋은 방법입니다."

데이비드 흄이 설명했다.

"세 번째는 구조분석법입니다. 즉 체계에서 각 구성 부분 및 대비 관계의 변화 규율에 대한 분석입니다. 구조분석은 정태분석의 일종으로 일정한 시간 안에 시스템 내 각 구성 부분의 변화 규율에 대한 분석입니다. 동태분석은 각각의 기간 내에서 발생하는 시스템 구조의 변화를 분석하는 것입니다."

데이비드 흄이 웃으며 말했다.

"네 번째는 비교분석법입니다. 이 논리 방법은 가장 많이 사용되는 방법인데 여러분도 쉽게 이해할 수 있습니다. 이 방법은 사물 간의 공통점을 연구하고 다른 점을 분석합니다. 분석 수단은 정반 비교분석, 횡적 비교분석, 수직 비교분석이 있습니다."

학생들의 필기가 끝나길 기다린 데이비드 흄이 말을 이어갔다.

"다섯 번째는 분류분석법입니다. 분류는 규율이 없는 사물을 규율이 있는 것으로 나누는 것입니다. 사물의 각각의 특징에 따라 분류하면 사물이 명확해집니다."

클레어는 로펌의 선배에게 분류에 관해 들었던 적이 있었다. 변호할 때는 우선 문서를 분류해야 한다. 분류는 공통의 특징이 있는 개체 대상을 하나로 모으는 사유의 과정이자 방법이다.

데이비드 흄이 박수를 치며 학생들의 주의를 끌었다.

"여섯 번째는 보편적 관계분석법입니다. 즉 개체인 사물을 전체적인 커다란 환경에서 인식하고 분석해서 사물의 한 특성을 이해하는 것입니다."

"일곱 번째는 개념분석법입니다. 사물의 개념, 외연, 문자적 의미에 따라 사물을 해석하고 인식하는 것입니다. 여덟 번째는 현상분석법으로 사물의 표상을 통해 사물의 한 방면을 분석하는 것입니다. 아홉 번째는 귀납분석법입니다. 열 번째는 연역분석법입니다."

클레어는 빠르게 적어 내려갔다. 데이비드 흄은 빠르게 열심히 메모하는 학생들을 보며 흥미로운 얼굴로 물었다.

"여러분이 나의 《인성론》을 읽어 보셨는지 모르겠네요?"

몇몇 학생이 재미있다는 듯이 대답했다.

"선생님께서 책을 직접 홍보하시기도 하네요."

데이비드 흄이 유쾌한 목소리로 말했다.

"자화자찬하는 것 같지만 여러분에게 저의 《인성론》에 대해 이야기할까 합니다. 여러분의 논리적 사유에 도움이 될 것입니다. 자 그럼 천천히 시작해 볼까요."

인성론:
만물은 모두 근원이 있다

데이비드 흄은 자신의 저서인 《인성론》을 들어 보였다.

"여러분, 만물은 모두 그 근원이 있고 우리의 지각知覺도 예외는 아니라고 저서에서 언급한 바 있습니다. 인성이라는 단어는 도덕적인 단어가 아니라 인류가 개념적 지식과 관념적 지식을 얻는 인식의 사유 활동이라고 생각합니다."

클레어는 잘 이해가 가지 않았다. 다른 학생들의 표정을 보니 마찬가지인 듯했다. 데이비드 흄은 설명을 이어갔다.

"일반적인 언어 환경에서 '인성'은 지식 추구를 대상으로 하는 철학적 인식 사유 활동입니다. 특수한 언어 환경에서 '인성'은 그러한 철학적 인식 사유 활동으로 얻게 된 지식 추구에 관한 지식 이론입니다."

클레어는 이해했다. 데이비드 흄의 '인성'은 바로 인류의 지식욕을 연구하는 것이었다.

데이비드 흄이 말했다.

"내가 볼 때 인류의 지각은 두 종류로 나눌 수 있습니다. 하나는 인상이고 하나는 관념입니다. 인상과 관념의 차이는 강렬함과 생생함의 차이입니다."

데이비드 흄이 예를 들었다.

"아름다운 여성이나 멋진 남성이 여러분의 시선에 들어왔다고 생각해 봅시다. 여러분이 받은 첫 번째 인상은 외모입니다. 이는 상대방이 여러분에게 남긴 인상입니다."

모두 웃었고, 데이비드 흄이 유쾌하게 말을 이었다.

"관념은 강렬하거나 갑작스럽지는 않지만 여러분에게 영향을 줍니다. 아름다운 여성이나 멋진 남성을 얼마 동안 접한 후 문제가 있다는 것을 발견합니다. 예를 들어 여러분은 개를 좋아하지만 상대방은 동물을 싫어합니다. 그때 여러분은 어떠한 감정이나 정서가 일어납니다. 그것이 바로 관념입니다. 관념은 시각이나 촉각으로 유발된 지각을 없애고 당신에게 즐거움이나 불쾌함을 발생시킵니다.

인성의 근원은 지각에 있습니다. 저는 사람들이 감각과 사유를 잘 구분할 수 있을 것이라고 믿습니다. 감각과 사유의 차이점은 쉽게 발견할 수 있기 때문입니다. 예를 들어 잠을 잘 때나 아프거나 화가 날 때 등 기분이 극단적인 상황에 이르렀을 때 우리의 관념은 인상에 더 가까워집니다."

세련된 차림의 여학생이 물었다.

"선생님, 우리들의 인상과 관념이라는 것은 평범한 것 같습니다. 더욱 심층적인 지각이 있겠죠?"

데이비드 흄이 인정했다.

"맞습니다. 인상과 관념은 사실 간단한 지각입니다. 즉 간단한 인상과 관념은 더 구분하거나 분석하기 쉽지 않습니다. 또 복합적인 지각은 이와 반대로 많은 부분으로 구분할 수 있습니다."

데이비드 흄은 사과 하나를 꺼냈다.

"제 손의 사과처럼 여러분은 사과의 색, 맛, 식감을 쉽게 분별해낼 수 있습니다. 이것들은 사과에 대한 단순한 지각입니다. 이러한 구별을 통해 사과의 구성 요소를 배열하면 더욱 정확하게 사과의 성질과 관계를 연구할 수 있습니다. 그럼 복잡한 지각이 됩니다."

데이비드 흄을 말하면서 눈을 감았다.

"눈을 감고 나의 방을 기억했을 때 형성된 관념은 내 방에 대한 인상의 표상입니다. 관념 속의 어떠한 이야기는 인상 속에서 찾을 수 있습니다. 관념과 인상은 영원히 대응하는 것 같지만 특수한 상황도 있습니다. 그건 복합적 관념이지요."

아리송해 하는 학생들의 눈빛을 본 데이비드 흄은 또 다른 예를 들었다.

"몰디브에 대해 이야기해 볼까요. 아마 여러분은 푸른 바다와 하늘, 백사장의 광경이 머릿속에 그려질 겁니다. 여러분이 몰디브에 가 보지 않았다 하더라도 말입니다. 여러분 중에 뉴욕에 가 보신 분이 계시겠죠. 하지만 뉴욕에 대해 형성된 관념이 뉴욕의 전부인가요?"

클레어는 고개를 저었다. 그것은 확실히 인성 지각의 신비함이었다.

데이비드 흄이 목소리에 힘을 주어 말했다.

"따라서 우리들의 복합적 인상과 관념은 일반적으로 현실과 매우 유사하지만 서로 구별됩니다. 마찬가지로 단순한 관념 역시 그와 유사한 단순한 인상이 있습니다. 단순한 인상은 그와 상응하는 관념이 있고요."

데이비드 흄은 이번엔 학생들의 질문을 더 기다리지 않고 설명을 덧붙였다.

"예를 들어 '눈이 부시다'라는 관념의 경우, 햇빛 아래에서 우리의 눈에 자극을 주는 인상과 별 차이가 없습니다. 우리의 단순한 인상과 관념도 모두 그렇습니다. 여러분이 한번 생각해 보면 많은 예를 들 수 있을 것입니다."

착실해 보이는 한 남학생이 말했다.

"모든 일에는 특별한 예가 있지요?"

데이비드 흄은 손을 펴며 말했다.

"만약 보편적으로 유사한 관계를 부인하고 싶다면 설득하지 않겠습니다. 요구사항은 하나입니다. 상응하는 관념이 없는 인상이나 상응하는 인상이 없는 관념을 찾아보세요."

그 남학생은 골똘히 생각하는 것 같더니 결국은 포기했다. 그런 후 탄복하며 계속 강연에 귀를 기울였다.

데이비드 흄이 이어서 말했다.

"그리고 단순한 인상은 상응하는 관념보다 빠르게 나타나며 반대의 순서로 나타나지 않는다는 것을 알아야 합니다."

클레어는 데이비드 흄의 말을 곰곰이 생각해 보니 정말로 그러했다.

"만약 아이에게 무엇이 빨간색이고 무엇이 노란색인지 알려 주고 싶다면, 혹은 무엇이 단맛이고 무엇이 쓴맛인지의 관념을 알려 주고 싶다면 그 사물들을 구체적으로 아이들에게 보여줘야 합니다.

데이비드 흄은 강조했다.

"즉 그 인상을 아이에게 전달해야 한다는 것이죠."

데이비드 흄이 말했다.

"마음이나 신체와 관련된 모든 인상은 영원히 그것과 유사한 관념이 따라오기 마련입니다. 또한 관념과 인상은 강렬함과 생생함의 정도가 다릅니다. 인상이 가지고 있는 우선성 역시 증명되었습니다. 우리들의 인상은 관념의 원인이고, 우리들의 관념은 인상의 원인이 아닙니다."

"여러분, 인성의 인지에 관해 제가 드릴 말씀은 여기까지입니다."

데이비드 흄이 말했다.

"이어서 여러분에게 인성의 회색 지대에 대해 설명해 드리겠습니다."

회색 지대? 모두 데이비드 흄을 향해 귀를 쫑긋 세웠다.

회색 지대와
인위적 회색 지대

데이비드 흄은 학생들을 보며 미소 지었다.

"현대 사회에 회색 지대가 점점 많아지고 있다는 것을 알고 있을 것이라고 생각합니다. 물론 이는 세계 어디에서나 나타나는 현상입니다. 회색 지대가 나타나는 원인은 매우 단순합니다."

데이비드 흄은 목을 가다듬고 진지한 표정으로 말했다.

"이 세상에는 절대적으로 맞거나 틀린 것은 없습니다. 흑과 백은 극단적인 표현이고 현실 세계에서의 많은 일은 그렇게 극단적으로 나눌 수 없습니다. 검지도 않고 하얗지도 않은, 좋지도 않고 나쁘지도 않은 일들을 회색 지대라고 말합니다."

클레어는 고개를 끄덕였다. 이 세상에 절대적으로 좋고 나쁜 것이

어디 있겠는가? 흑백을 분명하게 구분해야 하는 일을 하고 있는 그녀에게도 법률만으로는 해결하기 애매한 사건들이 꽤 있다. 데이비드 흄이 말했다.

"회색 지대, 중간 지대나 임계지대를 뜻하는 말이죠. 지리적 위치, 남녀관계, 경제적 수입 등에서 회색 지대는 매우 많습니다. 회색 지대라는 단어가 부정적인 의미만 있는 것은 아닙니다. 많은 경우 중성적인 의미를 담고 있죠. 예를 들어 남녀관계의 회색 지대라고 하면 정식으로 사귀기 전 호감을 가지고 있는 단계를 말할 수 있습니다. 경제 수익의 회색 지대는 부업이나 부수입이 있겠죠."

클레어도 그렇게 생각했다. 하지만 회색 지대는 좋지 않은 것을 대변하기도 한다. 예를 들어 진상을 명확하게 확인할 수 없을 때 말이다. 클레어는 업무 중 그런 상황을 자주 만난다. 데이비드 흄이 말했다.

"사실 회색 지대는 대부분 인위적입니다. 즉 인위적인 회색 지대라는 이야기입니다. 인위적인 회색 지대가 나타나는 주요 원인은 회색 지대를 이용해 자신의 욕망을 충족시키고자 하는 사람들이 있기 때문입니다."

몇몇 학생들의 표정이 심각해졌다.

"하지만 삶 속의 회색 지대에만 주목하지 마세요. 삶에서 회색 지대가 전부인 것처럼 생각해서는 안 됩니다."

데이비드 흄이 말했다.

"어떤 일들은 매우 명확하기도 합니다. 따라서 언제나 일부를 보면서 전체를 평가하며 모든 사물이 회색이라고 보면 안 됩니다. 이 점을 인식하지 못하면 눈뜬장님과 마찬가지입니다."

클레어는 데이비드 흄이 마치 자신에게 한 말 같아서 얼굴이 달아올랐다. 클레어는 평소에 회색 지대의 존재 때문에 고민해 왔다.

사실 회색 지대가 존재하는 이유는 사물이 흑백처럼 분명하지 않을 때가 있기 때문이다. 클레어는 자신이 처한 환경도 절대적인 흑 또는 백이 아니고 명확하게 대립하는 것도 아니었다는 것을 깨달았다. 따라서 주관적으로 어떠한 회색의 관념을 전체로 확대하거나 세상의 원래 모습이라고 생각할 필요는 없었다. 자신의 노력이 더욱 중요한 것이다. 여기까지 생각하자 클레어는 미소가 지어졌다. 데이비드 흄이 상냥하게 말했다.

"진상이 명확하지 않을 때 초조해지거나 두려움을 피하고 싶다는 생각이 드는 것은 사실입니다. 하지만 그러한 곤경을 피하는 방법을 생각해야 합니다. 회색의 늪에 빠졌을 때 자신감을 잃어서는 안 됩니다. 이 점을 꼭 기억하세요. 지금의 여러분은 일의 진상을 잘 모를 수 있지만 불확실한 상황이 나타났다고 생각한 것은 우리에게 확실한 경험이 있기 때문입니다."

클레어가 말했다.

"맞아요! 부정적이라는 것은 긍정적인 것을 이미 알고 있어야 부정적이라고 생각할 수 있습니다."

데이비드 흄이 동의했다.

"맞는 말입니다. 일하거나 생활할 때 책임이 커질수록 자주 회색 지대를 마주하게 됩니다. 회색 지대에 속한 문제와 상황들은 최대한 노력하며 맞서고 다른 사람과 협력해 해결해야 합니다."

한 여학생이 질문했다.

"선생님, 회식지대 때문에 생긴 문제를 어떻게 해결할 수 있을까요?"

데이비드 흄이 웃으며 말했다.

"사실 아주 전통적이지만 실용적인 방법이 있습니다. 하지만 시간을 필요로 하죠. 그것은 고대 히브리 철학자들과 신학자 힐렐이 제시한 방법입니다. 당시 누군가 힐렐에게 유대교에 귀의하고 싶다고 밝혔습니다. 힐렐이 시간을 투자해《토라》의 의미를 설명해 주기만 한다면 말입니다. 힐렐은 너무나 쉽게 이 문제를 해결했습니다. 그가 뭐라고 말했을까요?"

학생들은 데이비드 흄이 곧 말해 줄 답을 기다렸다. 데이비드 흄이 웃으며 말했다.

"힐렐이 말했습니다. '자신이 싫어하는 물건을 동료에게 주지 마시오. 그것이 바로《토라》의 전부요. 나머지는《토라》에 대한 평가일 뿐이니 가서 공부해 보세요!'"

답을 들은 학생들은 서로 얼굴만 바라봤다. 힐렐의 말은 맞지만 회색 지대와 무슨 관계가 있을까? 데이비드 흄 선생님은 학생들의 의문을 간파한 듯했다.

"힐렐의 가르침에 관해 더욱 익숙한 버전이 있습니다. 그건 바로 황금 법칙입니다. '타인이 당신에게 대하길 원하는 대로 타인을 대하라.'"

클레어와 다른 학생들은 놀랐다. 회색 지대를 해결하는 최고의 방법은 '미워하는 것'을 멈추라는 것이었다. 만약 회색 지대를 만들었다면 동료들을 괴롭게 해서는 안 된다. 회색 지대에 빠졌을 때 미운 감정을 가지고 살아가는 것이 아니라 밝고 긍정적으로 앞을 봐야 한다. 데이비드 흄은 생각에 잠긴 듯한 학생들을 바라보다가 환하게 웃었다.

"좋아요, 여러분. 여러분이 회색 지대를 만났을 때 이것 아니면 저것이라는 생각으로 끝까지 가는 것이 아니라 논리적 사유를 이용해 사고하면 해결할 수 없는 문제라 하더라도 심각한 곤경에 빠지진 않을 겁니다!"

모두 고개를 끄덕이며 데이비드 흄에게 박수를 쳤다. 데이비드 흄은 미소를 지으며 천천히 강단에서 내려왔다.

CHAPTER

04

프레게
‘논리학 속의
오류’

#프레게 #위대한_논리학자 #논리학의_오류
#논리적_사유 #사고 #감각적_경험

프리드리히 루트비히 고틀로프 프레게 | 1848 ~ 1925

독일의 수학자, 논리학자, 철학자이다. 프레게는 수리논리와 분석철학의 기반을
다진 인물로 대표적 저서로는 《산수의 기초》가 있다.

프레게는 아리스토텔레스, 괴델, 타르스키와 함께 위대한 논리학자로 인정됐다.
프레게가 1879년 출판해 새로운 영역을 연 개념표기법은 논리학사의 전환점으
로 평가받는다.

잘못된 논리:
백지장도 맞들면 낫다

클레어는 논리학이 점점 좋아졌다. 사고思考한다는 것은 매우 재미있는 일이라는 생각이 들었다. 데이비드 흄의 논리학 수업을 듣고 난 후 클레어는 좀 더 자신감이 생겼고 변호도 더 잘하고 있다고 느꼈다.

오늘은 어떤 선생님이 강의를 하실까? 어떤 재미있는 내용을 알려 주실까? 클레어는 이런저런 생각을 하며 가벼운 발걸음으로 강의실로 들어섰다.

클레어가 앉자마자 양복 차림에 흰 수염이 얼굴을 한가득 덮은 어르신이 강의실 가운데로 들어왔다. 길게 자라난 수염 위로 건강한 눈빛이 학생들을 관찰하고 있었다.

도대체 어떤 분이시지? 모두 의견이 분분할 때 선생님이 청아한 목소리로 입을 열었다.

"안녕하십니까! 오늘의 논리학 멘토인 프리드리히 루트비히 고틀로프 프레게입니다! 독일인은 대부분 이름이 매우 깁니다. 외국에 나가서 제 이름을 소개하면 어떤 사람은 네 사람이 온 줄 알고 의자 네 개를 준비하기도 합니다."

학생들이 한바탕 크게 웃었고, 분위기가 한결 가벼워졌다.

프레게가 웃으며 말했다.

"자, 우선 여러분에게 두 가지 이야기를 들려드릴까 합니다."

이야기라는 말에 모두들 자세를 바르게 하고 집중하기 시작했다.

"첫 번째 이야기는 1980년대에 생긴 일입니다. 코카콜라는 펩시의 도전을 이기기 위해 더 부드럽고 달콤하며 탄산이 적은 신제품을 출시하기로 했습니다. 시장 조사 결과 대부분의 사람들도 코카콜라의 새로운 맛을 기대하고 있었지요. 하지만 코카콜라가 99년간 이어온 전통 레시피를 바꾸고 새로운 제품을 탄생시키겠다고 발표하자 소비자들의 반대에 부딪혔습니다."

학생들은 이해가 가지 않았다. 도대체 무슨 이유 때문일까?

"일부 소비자들은 새로운 코카콜라를 배척하는 캠페인을 벌였고 코카콜라 본사를 찾아가 '새로운 콜라를 출시한다면 다시는 코카콜라를 마시지 않겠다'라고 협박하기까지 했어요. 결국 코카콜라는 굴

복했고 기존 레시피대로 생산하겠다고 발표했습니다."

클레어는 그 의미가 이해되지 않았다. 몇몇 학생들만이 알겠다는 표정을 지어 보였다. 프레게가 웃으며 말했다.

"또 다른 이야기를 하나 더 해 드릴게요. 모두 로스차일드 가문을 알고 있지요?"

대부분의 학생들이 안다는 의미로 고개를 끄덕였다.

"프랑스군과 영국군이 워털루 전투를 벌일 때 로스차일드는 정보원을 통해 전쟁의 결과를 알게 되었습니다. 그는 영국 공채를 모두 팔아버리고 공채 소유자들에게도 공채를 팔라고 유도해 결국 영국 공채 가치가 급속도로 하락했습니다. 가치가 떨어질수록 팔려는 사람도 많아져서 악순환이 계속됐지요. 이때 로스차일드는 대량의 영국 공채를 사들였고 3일 후 영국군이 승리했다는 소식이 들려온 뒤에야 런던으로 돌아왔습니다. 이 일로 로스차일드는 많은 양의 영국 국채를 소유하면서 영국 정부의 최대 채권자가 되었고 영국의 경제를 장악하게 되었지요."

학생들은 로스차일드에게 시기와 존경의 감정이 동시에 일어났다.

"그렇다면 이 두 이야기의 배후에는 어떤 논리학적 지식이 담겨 있을까요?"

프레게가 물었다.

학생들은 개념이 모호하게 떠올랐지만 말로 표현하기는 쉽지 않았다. 프레게가 웃으며 말했다.

"코카콜라 이야기는 집단 요소를 소홀히 했다는 것입니다. 고객은 99년 동안 변하지 않은 레시피는 전통적인 미국 정신을 상징한다고 여겼고, 코카콜라가 이를 포기한다는 것은 일종의 배반이라고 생각했죠. 한편 로스차일드는 맹목적으로 시류를 좇고 쉽게 공포에 빠지는 집단의 특징을 이용해 자신의 목적을 달성했습니다."

"사람은 정체되어 있는 동물이 아니고 방향이 각기 다른 에너지이기 때문에 우리가 알고 있는 '백지장도 맞들면 낫다'는 것은 논리학에서 볼 때 잘못된 것입니다. 사람들이 힘을 합치면 노력을 덜 기울여도 되는 경우도 있지만 힘이 서로 분산된다면 아무것도 이룰 수 없을 것입니다."

잘못된 논리:
감각적 경험은 믿을 수 있다.

프레게가 다른 화제를 꺼냈다.

"여러분, 논리학에서 이론적 경험은 매우 중요하다는 것을 여러분은 알고 계실 겁니다. 그렇다면 감각적 경험 역시 중요할까요?"

클레어는 프레게 선생님의 의도를 파악했다.

"감각적 경험은 신뢰할 수 없습니다. 참고만 할 수 있을 뿐이지요."

프레게는 얼굴 가득 미소를 지으며 클레어를 바라보았다.

"훌륭합니다. 여러분의 논리적 사유가 점점 발달하고 있군요. 의심하고 부정否定할 줄 알아야 자신의 결론이 정확한지 검증할 수 있습니다. 감각은 인류가 세상을 인식하는 첫걸음입니다. 우리는 감각을 통해 대내외 환경으로부터 정보를 얻습니다. 감각과 지각을 통해 우리는 복잡한 자극으로부터 정보를 얻고 대뇌가 그 정보를 처리하고 식별하면 감각적 경험에 의미가 부여됩니다."

프레게는 겸손한 목소리로 말했다.

"나는 감성적인 사람입니다. 다들 나의 논리적 사유가 훌륭하다고 말하지만, 가끔 감정적으로 일을 처리하곤 했습니다. 그리고 첫인상을 중시할 때도 있었죠. 감각은 객관적인 세계를 인식하기 위한 발단이자 가장 간단한 형식이기 때문이죠. 그렇다면 감각이란 무엇일까요? 감각은 우리의 감각기관에서 작용하고, 사물을 우리의 머릿속으로 반영시킵니다."

모두 고개를 끄덕였다. 모든 사람은 감각을 통해 세상을 인식한다. 프레게가 이어서 말했다.

"우리들은 풍부하고 다채로운 세상에 살고 있습니다. 산과 물이 있고, 사람이 있고, 꽃과 나무가 있고 호수와 바다가 있습니다. 우리들의 세상은 자연과 사회문화의 범주에 있습니다. 수많은 객관적인 사물은 저마다의 속성을 가지고 있고, 사물의 개별적인 속성은 전체와 긴밀하게 연결되어 있습니다."

프레게는 귤을 하나 꺼냈다.

"여기 있는 이 오렌지처럼 말이죠. 눈의 감각으로 겉면의 색, 둥글고 반들반들한 형상을 느낄 수 있습니다. 만약 코로 느낀다면 달콤한 향기를 맡을 수 있죠. 손으로 느낀다면 미끌거리 부드러운 촉감을 느낄 수 있습니다. 만약 혀로 느낀다면 새콤달콤한 맛을 볼 수 있지요…… 이러한 것들은 오렌지에 대한 감각입니다. 과연 이러한 것들이 우리가 알고 있는 오렌지에 대한 전부인가요?"

프리드리히 프레게가 물었다.

클레어와 학생들은 고개를 저었다. 프레게가 웃으며 말했다.

"감각만 통해서는 오렌지의 전부를 알 수 없습니다. 조금만 더 깊이 연구하면 오렌지 속의 비타민 A가 어두운 환경 속에서 시력을 강화해 주고 야맹증을 치료해 준다는 것을 알 수 있습니다."

한 남학생이 말했다.

"하지만 감각을 통해 이해한 것들도 오렌지의 특성을 나타내는 일부분인데 신뢰할 수 없다고 말할 수 있을까요?"

프레게는 그 학생을 보며 침착하게 설명했다.

"물론 감각 역시 우리가 세상을 인식하는 중요한 부분이죠. 하지만 방금 학생이 말한 것처럼 감각은 참고만 할 뿐 완전히 신뢰할 수는 없습니다. 대인관계에서 사람에게 느끼는 첫인상처럼 말이죠."

프레게가 설명했다.

"첫인상은 그 후의 인간관계를 결정하곤 합니다. 왜냐하면 처음 사물을 인지할 때 우린 대뇌가 아닌 눈, 귀 등 감각기관에 더 많이 의존하기 때문입니다. 많은 커플들이 서로를 처음 만났을 때를 회상

하면 대부분 눈앞이 환해졌다고 표현합니다. 상대방의 외모나 어떠한 행동이 자신의 눈길을 끈 것이지요. 면접을 볼 때 응시자가 몇 분채 말하지도 않는데 면접관이 나가라고 합니다. 응시자가 자신의 전 여자 친구와 너무 닮았기 때문이죠……. 그러한 예는 수도 없이 많습니다. 제가 틀렸나요?"

프레게의 위트에 모두 웃었다. 질문했던 남학생도 웃으며 자리에 앉았다.

프레게가 이어서 말했다.

"따라서 감각적 경험이란 것은 사실 별로 신뢰할 수 없다는 것을 발견할 수 있습니다. 하지만 좋은 첫인상을 만드는 것은 중요합니다. 연구 결과에 따르면 절대다수의 사람들이 처음 만났을 때의 4분이면 상대에 대한 전체적인 이미지를 형성한다고 합니다. 따라서 짧은 시간에 나타나는 표정, 태도, 옷차림, 말, 눈빛 등의 인상이 미약하게나마 긴 시간 대인관계에 영향을 줍니다. 가끔 첫인상이 여러분의 유일한 기회일 수도 있고 여러분의 운명을 결정지을 수도 있습니다."

모두 감각적 경험은 그다지 믿을 수 없지만 감각적 경험을 소홀히 해서는 안 된다는 것을 깨달았다. 프레게가 말했다.

"그렇다면 다른 사람에게 좋은 첫인상을 남기는 방법은 무엇일까요? 여러분에게 비결을 하나 알려드리겠습니다. 첫째, 쉽게 다가갈 수 있어야 합니다. 미소와 함께 대화하고 상대방의 화제에 흥미를 보이며 예의 없는 행동은 삼가야 합니다. 둘째, 자신이 알지 못하는 화제에 대해서는 아는 척을 하는 것보다는 화제를 돌리거나 솔직히 말하는 것이 좋습니다. 셋째, 인색하거나 짜증 내지 않고 좋지 않은 습관은 버립니다. 마지막으로 관대한 마음을 배워야 상대방에게 좋은 감각적 경험을 줄 수 있습니다."

이야기가 끝나자 힘찬 박수가 터져 나왔다. 프레게는 훌륭한 수업을 선사했을 뿐 아니라 훌륭한 제안도 했다. 클레어는 특히 열심히 박수를 치며 감사한 마음을 전했다.

뜨거운 박수 속에서 프레게는 학생들에게 인사를 하고 천천히 강단에서 내려왔다.

CHAPTER

05

솔 크립키
'논리학 속의
회피'

#솔크립키 #논리적_사유의_함정 #양상_논리학 #의미론
#항진명제 #특수이론 #일부와_전체 #괴벨스_효과 #반복의_힘

솔 크립키 | 1940 ~ 현재

미국의 논리학자, 철학자이다. 하버드대학교, 컬럼비아대학교, 코넬대학교, 록펠러대학교에서 강의했다. 1977년 프린스턴대학교 철학과 교수를 역임했고 현재는 프린스턴대학교 명예교수로 있다. 양상논리학 의미론의 창시자이자 인과-역사 지칭론의 제창자 중 한 명이며, 명사의 지칭은 주로 해당 명사를 사용하는 사회와 역사의 전달 고리에 의해 결정된다고 여겼다. 이 관점을 기반으로 고유명칭과 보통명칭에 관한 이론을 밝혔고 이로써 현대분석철학의 역사적인 전환점을 형성했다. 저서로 《이름과 필연》 등이 있다.

항진명제의
기현상

    지난번 수업을 들은 클레어는 너무 흥분되어서 잠도 잘 자지 못했다. 프레게의 예리한 강연과 뜨거웠던 수업 분위기에서 아직 완전히 빠져나오지 못하고 있었다.

    너무 흥분한 탓에 제대로 쉬지 못한 클레어는 오늘 강의실에 약간 늦게 도착했다. 자리를 찾아 앉고 나서 보니 선생님은 이미 강단에 올라와 계셨다.

    아직 선생님의 모습을 제대로 살펴볼 겨를이 없었던 클레어에게 주변 사람들의 웃음소리가 들려왔다.

    클레어가 고개를 들어 보니 자유분방한 복장과 밀짚모자를 쓴 중년의 남성이 미소 가득한 얼굴로 강단 가운데에 서 있었다. 즐거워하는 남성의 표정을 보니 클레어도 저도 모르게 웃음이 흘러나왔다. 선생님이 아니라 마치 하와이에 놀러 온 관광객 같았다.

선생님은 즐거운 목소리로 인사했다.

"안녕하세요! 오늘의 논리학 선생인 크립키입니다!"

학생들이 박수를 쳤고 클레어도 기대를 담아 손뼉을 쳤다. 크립키는 바라보기만 해도 기분이 좋아지는 매력을 가진 분이었다.

크립키가 웃으며 허리를 숙여 인사했다.

"여러분, 문제를 낼게요, 네 발이 달린 동물은 모두 네 개의 다리가 있다. 이 말이 맞을까요?"

앞서 몇 분의 선생님과 논리학 수수께끼를 한 경험이 있는 학생들은 모두 심각하게 문제의 해답을 생각했다.

잠시 후 한 남학생이 이마를 치며 말했다.

"네발 동물은 당연히 네 개의 다리가 있는 것 아니겠어요! 당연히 맞는 말이지요!"

다른 학생들도 크립키 때문에 괜히 긴장했다는 것을 깨달았다.

크립키가 웃으며 말했다.

"자자, 여러분. 하마터면 저의 속임수에 빠질 뻔했지요? 이 문제는 바로 논리학 분야에서 유명한 '항진명제'입니다."

크립키가 계속 말했다.

"항진명제란 어떠한 상황에서도 맞는 것을 의미합니다. 항진명제가 틀린다는 것은 상상할 수 없습니다. 조금 전의 네 발 달린 동물에게 네 다리가 있는지와 같은 질문처럼 말이죠. 그 말이 어떻게 틀릴 수가 있을까요? 문장의 앞부분과 뒷부분이 같은데 말이에요. 아무리 시간을 투자해 생각해도 반례는 있을 수 없죠.”

한 남학생이 말했다.

“항진명제라는 것은 정말 대단하네요. 지구에서 심지어 이 우주에서 틀릴 일이 없겠어요. 항진명제를 많이 배워야겠습니다.”

크립키가 웃으며 고개를 저었다.

“훌륭해요, 이 말의 일반성은 정말 대단하죠. 하지만 그 말을 통해서 배운 것이 있나요? 없습니다. 공허한 말이죠. 실질적인 내용이 전혀 없어요. 전혀 의미가 없다는 얘기죠. 그렇다면 항진명제는 어떤 쓸모가 있을까요?”

남학생이 멋쩍은 듯이 머리를 긁적였다. 크립키가 말했다.

“따라서 항진명제의 목적은 학습이 아닙니다. 그것을 본보기로 삼고 항진명제의 계략에 빠져서는 안 됩니다. 이 문제는 사실 간단하고 일목요연한 문제입니다. 하지만 실제로 공허하고 쓸모없는 ‘이론’은 정말 많습니다. 박사들도 발견하지 못할 때가 많지요.”

단발머리 여학생이 말했다.

“항진명제가 내용이 없고 논리학에도 의미가 없다면 정말 쓸모없는 것이네요.”

크립키는 고개를 저으며 말했다.

"방금 말했듯이 항진명제는 틀릴 수가 없습니다. 실질적인 의미와 내용은 없지만 항진명제는 중요한 개념입니다."

"네? 중요한 개념이요?"

단발의 여학생은 믿지 못하겠다는 표정을 지었다.

"네발 동물은 네 개의 다리가 있다. 이런 문제가 어떻게 중요한 개념일 수 있어요?"

크립키는 손을 저으며 말했다.

"사실 수많은 중요한 과학 이론은 틀릴 수 없는 항진명제로부터 개념을 찾은 것입니다. 방금 말했듯이 항진명제의 최대 장점은 바로 일반성이 매우 강하다는 것입니다. 만약 항진명제의 범위를 축소하고 제약한다면 내용은 있지만 틀릴 가능성이 있는 이론이 될 수도 있습니다. 항진명제에서 시작한 이론의 해석 능력은 매우 강력합니다.

항진명제는 중요한 개념이고, 과학 이론의 발전을 촉진했습니다. 왜냐하면 항진명제는 사람들에게 새로운 시각으로 세상을 보도록 했기 때문입니다. 항진명제 내용이 공허하다고 생각해서 거들떠보지도 않는 사람은 하수입니다."

크립키가 웃으며 말했다.

"고수는 세상을 바라보는 모든 관점을 놓치지 않습니다. 일단 징

후가 있다고 여기면 고수들은 온갖 방법을 동원해 제약 조건을 추가하고 항진명제에 내용을 더하면서 '정의'를 현상을 해설할 수 있는 이론으로 바꿉니다."

크립키가 이어서 말했다.

"논리학에서 항진명제와 상반되는 논리가 있는데 바로 특수이론입니다. 특수이론은 너무 특수해서 일반성이 떨어집니다. 아시다시피 항진명제는 이론의 내용이 부족하고, 특수이론은 내용이 너무 많아 조금만 수정하더라도 이론이 뒤집힙니다."

클레어가 자기도 모르게 말을 꺼냈다.

"그러면 우리들의 논리는 항진명제와 특수이론 사이에 있어야 하는군요. 항진이론과 같은 쓸데없는 말도 해서는 안 되고 특수이론과 같은 말도 해서는 안 되겠어요."

크립키가 동의했다.

"훌륭해요, 세상사를 설명할 수 있는 이론들은 특수이론과 항진명제라는 두 극단 사이에 있습니다. 과학의 진보는 하나의 극단 또는 또 다른 극단에서부터 시작해서 중간 방향으로 발전하는 것입니다."

크립키가 웃으며 말했다.

"따라서 여러분은 항진명제의 함정에 빠져서도 안 되고 항진논리에 무관심해서도 안 됩니다!"

모두 웃었다. 크립키는 의기양양하게 말했다.

"'귀로 들은 것은 가짜고 눈으로 본 것이 진짜다'라는 말이 있습니다. 그러나 눈으로 본 것이 반드시 진리일까요?"

학생들은 그렇다는 표시를 했다.

"당연하죠, 직접 본 것이 어떻게 가짜일 수가 있어요?"

크립키는 박수를 치며 주의를 끌었다.

"여러분, 논리적 사유를 잊지 마세요! 입에서 나오는 대로 말하는 것은 논리적 사유를 하는 사람의 모습이 아닙니다!"

크립키의 말을 들은 학생들은 골똘히 생각에 빠졌다.

'일부'와 '전체'의
혼용

크립키는 학생들이 생각을 마칠 때까지 기다린 후 입을 열었다.

"가끔 이러저러한 이유로 사실의 진상을 보지 못할 때가 있습니다. 우리들이 직접 본 것은 어쩌면 누군가가 당신이 보길 원한 것일 수도 있고, 스스로 보고 싶은 것일 수도 있습니다. 어쨌든 우리는 문제를 전반적으로 봐야 합니다. 단순하게 하나의 관점에서만 문제를 바라보면 잘못된 결과를 얻고 단편적인 내용을 사물의 전부라고 생각할 수 있습니다."

두툼한 안경을 쓴 대학생이 말했다.

"선생님, 예를 들어주실 수 있나요? 직접 본 일이 왜 진실이 아니죠?"

크립키가 웃으며 말했다.

"물론 가능합니다. 예를 하나 들어드릴게요. 예전에 한 농부가 양계장을 열었습니다. 한 기독교인이 닭 두 마리를 훔쳐갔습니다. 화가 난 농부는 '도둑, 사기꾼, 기독교인에게 닭을 팔지 않음'이라는 팻말을 세우고 모든 기독교인들과의 거래를 거절했지요. 농부는 모든 기독교인들이 겉으로는 도덕적으로 보이지만 실제로는 나쁜 사람이라고 생각했죠. 그 농부는 모든 기독교인들이 위선적이라고 판단했습니다."

학생들이 한바탕 웃었다. 농부가 너무 극단적이었다.

크립키가 말했다.

"어느 날, 전도사가 그 이야기를 듣고 농부의 농장에 닭을 사러 왔습니다. 그는 닭 중에서 가장 마르고 작고 깃털까지 빠진 병든 닭을 골랐습니다. 농부는 이상하다고 생각했습니다. '왜 그 닭을 사려고 하시오? 이 닭의 상태가 가장 좋지 않소!' 전도사가 말했지요. '난 이 닭을 사겠소. 그리고 이 닭을 우리 집 문 앞에 놓고 행인들이 모두 볼 수 있도록 팻말을 달아놓을 거요. 팻말에는 이 닭을 당신의 양계장에서 샀고 당신의 닭들은 모두 엉망진창이라고 써놓을 거요!'"

학생들이 놀랐다. 전도사의 말에 농부는 단단히 화가 났을 것이다.

크립키가 말했다.

"농부는 크게 화를 냈습니다. '우리 닭들은 모두 최상품이오! 이 닭만 상태가 좋지 않은데 어째서 그 닭 하나 때문에 모든 닭들이 나쁘다고 말할 수 있소?' 전도사가 그 말을 듣자 바로 말했습니다. '당신도 같지 않소? 품행이 바르지 못한 기독교인을 한 명 만났다고 모든 기독교인의 품행이 좋지 않다고 판단했잖소. 개인 한 명 때문에 전부를 부정하지 않았소?'"

질문했던 대학생이 크게 웃었다. 정말 눈앞에 보이는 것이 사실이 아닌 것이다. 사람들은 농부의 행동으로 기독교인은 나쁜 사람이라고 여겼을 것이다. 하지만 그들은 농부가 한 명의 기독교인으로부터 피해를 받았다는 것을 알지 못한다. '일부'와 '전체'를 똑같이 취급하면 골치 아픈 일이 생긴다.

크립키가 말했다.

"수탉이 태양만 보고, 부엉이가 달과 별만 보는 것처럼 단순하게 그들의 각도에서만 보면 이 세상은 태양과 달, 별만 있다고 판단하겠지요."

크립키가 웃으며 말했다.

"손해 한 번 입었다고, 한 번 속았다고, 근거 없는 소문을 듣고 나서 단편적으로 이 세상에 좋은 사람이 없다고 여기면 안 됩니다. 사랑할 때 상처 입었다고 세상의 모든 이성이 나쁘다고 여기면 안 됩니다. 사람들이 본 것은 제한적이고 일부의 사실로 모든 것을 부정하지 않도록 해야 합니다."

클레어가 동의했다.

"그래서 우리는 전반적으로 문제를 보는 연습을 해야 합니다. 많은 사람들이 타인의 단편적이거나 극단적인 모습에 상처를 입습니다. '원래 그런 거야'라고 생각했던 일들도 다시 인식해야 합니다. '그것은 단지 개인의 관점'이기 때문입니다."

크립키가 말했다.

"맞습니다. 부분으로 전체를 보는 것은 전형적인 논리적 오류입니다. 논리적 오류는 논증을 약화시키는 함정이죠. 자신과 타인의 글에서 논리적 오류를 찾는 법을 익히면 자신이 읽고 듣고 논증한 것에 대한 판단 능력을 제고할 수 있습니다. 논리적 오류에 관해 두 가지를 확실히 알아야 합니다."

모두 귀를 쫑긋하고 크립키 선생님의 고견을 듣고자 했다.

"첫째, 논리적 오류가 있는 논증은 매우 정상적이고 자주 볼 수 있습니다. 또한 설득력도 있지요. 게다가 신문, 광고, 뉴스 등에서도 논리적 오류가 있는 사례를 많이 접할 수 있습니다. 따라서 독자와 청중은 논리적 오류의 영향을 쉽게 받습니다. 둘째, 사람들은 어떠한 논증에 논리적 오류가 존재하는지 판단하기 어렵습니다. 설득력이 부족하다고 여겨지는 논증이 오히려 꾸밈없는 진실일 수 있습니다. 어떤 논리는 설득력이 강하지만 논리적 오류가 있을 수 있습니다. 따라서 논증을 엄밀히 판단해야 합니다."

클레어는 자기도 모르게 박수를 쳤다. 크립키는 차 한 모금을 마신 뒤 웃으며 말했다.

"여러분, 이어서 논리학의 또 다른 중요한 문제를 다뤄 보겠습니다. 거짓말을 백 번 반복한다면 어떤 결과가 생길까요?"

거짓말을
백 번 반복한다면

"셰익스피어가 이런 말을 했습니다. '성공한 사기꾼은 더 이상 거짓말을 하지 않아도 된다. 그에게 속은 사람들이 그를 보호하기 때문에 무엇을 말하더라도 헛수고이다.' 여러분, 이들은 왜 굳건한 수호자가 될까요?"

학생들이 웅성거리는 가운데 한 여학생이 말했다.

"그들은 세뇌를 당했기 때문이죠. 다단계 조직이 그런 방식으로 상대방의 의지를 무너뜨려요."

또 다른 여학생이 말했다.

"맞아요, 같은 말을 여러 차례 반복하면서 심리적인 암시를 합니다. 스스로도 자신이 거짓말이 아닌 진실을 말하고 있다고 믿습니다.”

크립키가 동의했다.

“맞습니다. 이유는 바로 반복 때문입니다. 괴벨스가 이런 말을 했
죠. ‘반복은 일종의 힘이다. 거짓말을 백 번 반복하면 진리가 된다.’
그는 자신의 말을 검증했습니다. 괴벨스는 나치의 광적인 지지자였
죠. 이유는 히틀러의 연설 때문이었습니다.”

한 남학생이 놀라서 말했다.

“연설 한 번으로 괴벨스가 악마에게 목숨을 바쳤다고요?”

크립키가 무겁게 고개를 끄덕였다.

“그렇습니다. 히틀러의 연설을 들은 괴벨스는 극도로 흥분했고
‘내가 가야 할 길을 찾았다’라고 말했습니다. 그때부터 괴벨스는 광
신도처럼 변해서 나치즘의 대변자가 되었지요. 덕분에 히틀러의 총
애를 얻고 높은 자리까지 올랐습니다. 그 후 괴벨스는 선전기관의
모든 인원을 동원해서 독일 역사상 누구도 해 본 적이 없고 그 이후
에도 아무도 하지 않은 선전 활동을 광적으로 펼쳤습니다. 결국 히
틀러는 정권을 잡게 되었고 괴벨스를 국민계발장관과 선전장관으로
임명했습니다.”

괴벨스가 스스로 말한 것처럼 거짓말을 백 번 하면 자신조차도 믿
게 된다.

“괴벨스는 히틀러를 배반하지 않았습니다. 그는 선전을 통해 잘

못된 관념을 독일 국민의 머리에 세뇌시켰습니다. 괴벨스는 신문사, 출판사, 방송, 영화 등을 장악하고 독일인이 자신의 목소리만 듣도록 했고 학생을 선동해 새로운 시대를 만들려 했습니다.

그렇게 여론을 장악한 괴벨스와 선전부는 흑백을 전도하고 시비를 뒤섞었으며 독일 국민을 우롱했습니다. 여러 현장에 직접 모습을 드러내 민심을 꾀어내는 연설을 하며 나치 사상을 관철시켰습니다. 괴벨스는 자신의 거짓말에 진리라는 옷을 입혔습니다. 그것이 바로 '괴벨스 효과'입니다."

학자 분위기를 풍기는 중년의 남자가 고개를 끄덕이며 말했다.

"맞습니다. 국민들이 진상을 알지 못할 때 여론을 동원해 거짓말을 만들고 여러 루트를 통해 거짓말을 국민에게 반복적으로 주입시키죠. 말이 여러 차례 반복되면 국민들은 인정하게 되고 그렇게 거짓말이 진리로 변모하게 됩니다."

크립키가 말을 이어갔다.

"반복의 힘은 얼마나 클까요? '증삼살인'이라는 고사가 있습니다. 공자의 제자이자 효행으로 이름 높은 증삼이라는 사람이 어느 마을에 살고 있었을 때 일입니다. 그 마을에는 성과 이름이 같은 사람이 또 살고 있었지요. 어느 날 이름이 같은 사람이 사람을 죽이고서는 도망갔습니다. 누군가가 증삼의 어머니에게 가서 '증삼이 사람을 죽였어요.'라고 말했습니다. 베를 짜고 있던 증삼의 어머니는 고개조

차 들지 않고 '내 아들이 사람을 죽일 리 없어'라고 생각하며 베를 계속 짰습니다. 조금 후에 다른 사람이 달려와서는 '증삼이 사람을 죽였어요.'라고 말했습니다. 증삼의 어머니는 여전히 베를 짜며 대답하지 않았습니다. 얼마 후 또 다른 사람이 와서는 '증삼이 사람을 죽였어요.'라고 말했습니다. 이때 증삼의 어머니는 두려움에 휩싸여 짜던 베를 내려놓고 멀리 도망갔습니다."

모두 웃었다. 아무리 믿음이 강한 사람이라도 외부의 지속적인 주장을 견딜 수 없었던 것이다.

크립키도 웃었다.

"처음에 증삼의 어머니는 완전히 믿지 않았다가 조금씩 흔들리더니 결국엔 도망을 선택했습니다. 이것이 인지상정입니다. 이런 실험 사례도 있습니다. 실험자의 등에 얼음을 놓고 실험자에게 숯이 있다고 말합니다. 십 여분이 지난 후 얼음이 실험자의 등에서 녹아내립니다. 그 후 실험자에게 숯을 가져갔다고 말하면 얼음을 놓았던 곳의 피부에 동상이 아닌 화상의 흔적이 있는 것을 발견하게 됩니다."

학생들은 모두 놀랐다. 거짓의 위력이 이렇게 대단할 것이라고 생각하지 못했다.

크립키가 말했다.

"거짓말을 백 번 반복하면 자신과 타인을 '세뇌' 시킬 수 있습니다. 하지만 여러분의 논리적 사유 능력이 강하다면 상대방의 말에서 빈틈을 찾아내고 거짓이나 속임수에 빠지지 않게 됩니다."

크립키는 물을 한 모금 마신 후 말을 이어갔다.

"고대 국가 시대에는 '왕이 신하에게 죽으라고 하면 신하는 죽어야 한다'라는 신념을 믿어 왔습니다. 당시 사람들은 태어났을 때부터 이 개념을 받아들였기 때문에 이것이 맞는지 틀리는지 의심 자체를 하지 않았습니다. 지금 생각하면 왕은 무슨 근거로 왕이 되며, 무슨 근거로 죽으라면 죽어야 하는지 이해가 되지 않죠. 하지만 당시에 살았다면 그런 생각을 할 수 없었을 것입니다. 주변 환경 역시 그런 생각을 하도록 허락하지 않았죠."

클레어는 고개를 끄덕였고, 한숨도 같이 새어 나왔다. 로펌에 막 입사했을 때 모두 '나의 고객을 지키고 돈만 벌면 된다'라는 생각을 하고 있었지만 아무도 그것이 맞는지 틀리는지 생각하지 않았다. 지금 돌이켜보니 법률 공부를 시작하던 때 가졌던 정의를 구현하겠다는 클레어의 초심과는 너무 상반된 생각이었다.

크립키가 말했다.

"왜 대부분의 사람들은 생각이 열리지 않았을까요? 바로 어렸을 때부터 규정의 틀과 관념에 속박되어 왔기 때문입니다. 심지어 어떤 사람은 평생 굴레를 벗어나지 못합니다."

크립키가 웃으며 말했다.

"하지만 그것 역시 우리에게 교훈을 줍니다. 사람은 자발적으로 자신이 완전히 믿지 못하는 일을 하지 않는다는 것입니다. 사람은 스스로 믿는 일만 합니다. '지금 가장 확실한 것은 자신의 성별뿐이다'처럼 명확한 확신이 있다면 여러분은 어떤 분야에서던 자신의 목표를 반드시 실현할 수 있을 것입니다."

크립키는 자신의 밀짚모자를 벗고 학생들에게 고개 숙여 인사했다. 학생들의 뜨거운 박수 속에 미소 가득한 얼굴로 강단에서 내려왔다.

06

레이먼
'논리학의
잘못된 유추'

#레이먼 #잘못된_유추 #전문가의_어리석음 #정와의해_하충의빙
#삼계절 #인식의_국한성

스티븐 레이먼 | 1950 ~ 현재

시애틀 퍼시픽대학교의 철학과 학부장으로, 1983년 캘리포니아대학교 LA 캠퍼스에서 박사 과정을 마쳤다. 그의 연구 분야는 종교철학, 윤리철학, 논리철학이며, 주요 저서는 《논리의 힘》, 《의혹의 토마스: 신이 존재하는 실례》가 있다.

전문가의
어리석은 말

클레어는 지난 크립키의 수업을 생각만 해도 가슴이 설레었다. 덕분에 논리학에 대해 더 많은 호기심을 갖게 된 클레어는 오늘도 일찌감치 강의실로 들어섰다.

시간이 되자 학생들이 하나둘 자리에 앉았다. 갑자기 시선이 강단 가운데로 집중되었다.

엄숙하지만 친화력이 있어 보이는 중년의 남자가 강단 가운데로 들어섰다. 천천히 호흡을 가다듬은 후 학생들에게 우아한 미소를 보였다.

"안녕하세요, 오늘의 논리학 멘토 스티븐 레이먼입니다. 먼저 여러분에게 재미있는 이야기를 하나 해 드리겠습니다."

스티븐 레이먼은 학생들에게 향해 이야기를 시작했다.

"거북이 두 마리가 있었습니다. 거북이들은 밭에서 미동도 하지 않고 가만히 엎드려 있었지요. 한 전문가가 다가와 옆에 있던 농민에게 물었습니다. '이 거북이들은 뭘 하고 있는 것이지요?' 농민이 말했습니다. '누가 더 오래 침묵하나 겨루고 있지요. 먼저 말하는 거북이가 지는 겁니다.' 전문가는 그중 한 거북이의 껍질에 글자가 있는 것을 발견하고는 그 거북이를 가리키며 말했습니다. '제 연구에 따르면 이 거북이는 이미 죽은 지 5,000년이 되었습니다.' 그때 또 다른 거북이가 머리를 내밀고 말했습니다. '죽었는데 말도 하지 않다니! 여기서 계속 멍청하게 기다렸잖아!' 그 말이 끝나자마자 껍질에 글자가 있는 거북이가 웃으며 말했습니다. '네가 졌다! 바보, 저 사람의 말을 믿다니!'"

모두가 웃었다. 전문가가 맞기는 한 건가? 레이먼이 말했다.

"여러분 현재 전 세계의 전문가들이 의심을 받고 있습니다. 일부 전문가의 말이 너무 멍청하기 때문입니다."

클레어가 저도 모르게 입을 열었다.

"그렇게 신뢰할 수 없는 전문가가 많은가요?"

레이먼이 대답했다.

"물론입니다. 신뢰받지 못하는 전문가는 상당히 많습니다. 한 예로 어떤 어머니가 두 살이 갓 넘은 아이의 그림을 온라인에 게재했더니 유럽 예술계의 주목을 받았습니다! 유럽의 대가들은 이 그림이 반 고흐가 재림한 것 같은 걸작이라고 극찬을 마다치 않았지요. 진상이 밝혀진 후에야 그들은 입을 닫았습니다."

모두가 웃었다. 스티븐 레이먼이 이어서 말했다.

"그때 많은 사람들이 그 그림의 가치가 대단하다고 호평하며 어느 대가의 발견되지 못한 유작일 거라는 추측까지도 낳았지요. 사실 이러한 현상은 자주 접할 수 있습니다. 문제가 생기면 고민 없이 바로 답만 찾으려는 경우가 늘어나고 있어요. 하지만 그러면 독립적인 사유 능력이 떨어지게 됩니다."

스티븐 레이먼이 작은 수첩을 꺼내 들었다.

"전 습관이 하나 있습니다. 아마 대부분의 논리학자에게 다 있는 습관일 것입니다. 바로 생각할 때마다 내용을 종이에 적는 것입니다."

스티븐 레이먼이 작은 수첩을 몇 장 넘기며 말했다.

"사색할 때 종이의 공백을 보면 많은 영감이 떠오릅니다. 정리를 하면서 탐구하는 과정에서 저의 논리적 사유 능력은 비약적으로 발전합니다."

클레어도 동의했다. 모든 사람은 저마다의 사유 방식이 있다. 세상에서 가장 멍청한 것은 전문가의 말도 안 되는 말이 아니라 고민 없이 있는 그대로 다른 사람의 생각을 받아들이는 사람이다. 만약 문제를 자신의 힘으로 해결하지 않는다면 무슨 의미가 있겠는가?

스티븐 레이먼이 웃으며 말했다.

"나는 전문가로서 특정 분야에 기여한 바가 있지만, 그렇다 하더라도 언행을 신중히 하고 근거 없는 주장이 사람들에게 전달되지 않도록 주의합니다. 인터넷에 한 전문가가 공복에 음식을 먹으면 좋지 않다고 발표가 널리 퍼진 적이 있습니다. 명백히 잘못된 말이지만 수많은 사람들이 그 말을 전달하고 온라인에 게재했지요. 만약 여러분이 그 정보를 접했을 때 생각의 단계를 거치지 않고 습관적으로 전달만 한다면 스스로를 논리적인 사람이라고 말할 수 있을까요?"

스티븐 레이먼이 강조하며 말했다.

"논리적 사유 능력이 있다면 이치에 맞지 않는 말을 듣게 되더라도 그것을 감별할 수 있습니다. 우리에게 전문가보다 뛰어난 논리적 사유 능력이 있다면 공복에 어쩌고 하는 말에 크게 동요하지 않을 것입니다."

스티븐 레이먼이 박수를 치며 이목을 집중시켰다.

"확실히 말씀드릴 수 있는 것은, 여러분이 결과를 얻기 어려운 난제에 봉착했을 때 스스로를 믿고 자신만의 결론을 낼 수 있도록 노력해 보라는 겁니다. 타인의 관점에 세뇌되지 않고 다른 사람이 만든 답을 기다리지 않는 태도야말로 논리학이 제창하는 것입니다!"

클레어는 감격해서 고개를 끄덕였다. 그렇다, 진정한 전문가는 누구인가? '독립적으로 사물을 분석하고 사고하고 새로운 구상을 제시해서 발전시키는' 사람이다. 그러한 사람들은 논리적인 사유를 통해 문제를 철저히 분석하고 본질을 찾고 해결방안을 내놓는다. 논리적 사유를 할 수 있는 사람이라면 어떤 상황에 직면하든 성장할 수 있다.

스티븐 레이먼은 두 주먹을 쥐며 말했다.

"가장 중요한 것은 생각이 경직되지 않도록 노력해야 한다는 것입니다. 계속해서 문제를 제기하고, 머리를 써서 생각하세요. 논리적 사유를 어렵게 생각할 필요는 없습니다. 가장 위험한 것은 문제가 생겼을 때 '다음에 생각하자', '답을 검색해 보자', '다른 사람한테 물어보자'와 같은 타성에 젖는 태도입니다. 문제에 직면하면 '어떻게 하면 될까'와 같이 생각하는 태도가 중요합니다. 그런 습관이 여러분을 발전시킬 것입니다."

양복을 잘 차려입은 청년이 말했다.

"선생님, 저는 제 생각이 맞는지에 대한 확신이 없습니다. 그런데도 권위적인 전문가들처럼 정확할지에 대한 의문이 듭니다."

스티븐 레이먼이 웃으며 말했다.

"겸손한 것은 좋은 것이지요. 하지만 무조건 자신을 너무 낮출 필요는 없습니다. 스스로가 의심된다는 것은 그 문제에 대한 답에 확신이 없기 때문입니다. 예를 들어 전문가가 '사람의 손가락은 여섯 개다'라고 말한다면 맞는 말이라고 생각합니까? 그렇지 않죠. 사람의 손가락은 절대 여섯 개가 아니라는 생각을 하고 있기 때문이죠. 따라서 이 문제를 해결하는 방법이 간단합니다. 자신의 관점을 증명할 수 있는 예증을 찾으면 됩니다."

청년은 기쁜 표정으로 자리에 앉았다.

여름 벌레는
얼음을 알까

스티븐 레이먼이 말했다.

"'여름 벌레는 얼음을 모른다'라는 말이 있습니다. 무슨 뜻인지 아시나요?"

클레어는 '우물 안 개구리'라는 말이 떠올랐다. 우물 안에서 사는 개구리는 죽을 때까지 손바닥만 한 우물 바닥에서 살기 때문에 바다가 얼마나 큰지 말해 줘도 그저 허상일 뿐이고 오히려 허풍을 떤다고 생각할 수도 있다. 여름에만 사는 곤충이라면 겨울의 얼음이 얼마나 차가운지 말해 줘도 본적이 없으니 믿지 못한다. 정와의해, 하충의빙井蛙疑海, 夏蟲疑氷—장자莊子 추수 편 스티븐 레이먼이 웃으며 말했다.

"여러분에게 이야기 하나를 해 줄게요. 어느 날 제자가 바닥을 쓸고 있는데 온몸이 녹색인 손님이 찾아왔습니다. 손님이 물었지요. '일 년은 몇 개의 계절로 되어 있나요?' 제자는 이상한 생각이 들었지만 그래도 사실대로 대답했습니다. '사계절이지요. 봄, 여름, 가을, 겨울입니다.' 그런데 손님이 화를 냈어요. '말도 안 됩니다! 선생님의 제자가 그런 것도 모르다니, 일 년은 세 개의 계절로 이루어져 있습니다.' 제자는 결국 손님과 말다툼을 했습니다."

대부분의 학생들은 이해가 가지 않았다. 계절이 어째서 세 개뿐일까. 클레어와 몇몇 학생 만 고개를 끄덕였다. 이어질지 알 것 같았기 때문이다.

"마침 그때 스승이 다가와 무슨 일인지 물었습니다. 제자는 이겼다고 생각하며 기쁘게 물었습니다. '스승님, 일 년은 계절이 몇 개입니까?' 하지만 손님의 모습을 살펴본 스승은 예상을 깨고 '일 년은 삼 계절이다.'라고 대답했습니다. 손님이 돌아간 후 제자가 물었습니다. '일 년은 분명히 사계절인데 어째서 삼 계절이라고 말씀하셨습니까?' 스승이 대답했지요. '온몸이 녹색인 손님은 봄에 태어나 가을에 생을 마감하는 메뚜기였다. 한평생 겨울을 본 적이 없으니 죽을 때까지 주장해도 믿지 못했을 것이다.'"

모두 크게 깨닫는 바가 있었다. 일부 학생들은 작은 목소리로 의견을 나누며 수근거렸다. 이야기의 허구성은 중요한 문제가 아니다. 이 이야기는 사람들, 특히 논리를 배우고 싶은 사람들이 깊이 생각해 볼 만한 이야기다. 모든 사람의 견해에는 국한성이 있다. 코페르니쿠스가 태양중심설을 제기했을 때처럼 말이다. 당시 사람들은 이단의 이론이라고 생각했고 코페르니쿠스를 악마의 화신이라며 불태워 죽여야 한다고 주장하는 사람들도 있었다.

스티븐 레이먼이 말했다.

"가장 현명한 선택은 바보와 시비를 가리지 않는 것입니다. 사람은 알지 못하는 것에 공포를 느낍니다. 그것은 인류의 본능 중 하나이지요. 물론 논리적인 사람은 자신이 알고 있는 입장을 최대한 수호합니다. 하지만 생각해 보세요, 바보와 논쟁을 한다면 무엇을 얻을 수 있을까요? 시간과 에너지를 소모할 뿐입니다. 요즘은 똑똑한 사람이 정말 많아요. 하지만 똑똑한 사람이 많아진다는 것이 바보가 적어진다는 것을 의미하는 것은 아닙니다. 대부분의 사람은 바보는 상대방이고 자신은 똑똑하다고 여기기 때문이죠. 따라서 당신이 볼 때 상대는 바보이지만 상대가 볼 때는 당신이 바보입니다. 논쟁은 전혀 의미가 없습니다."

남학생이 손을 들었다.

"선생님, 그냥 내버려두면 된다는 뜻인가요? 당연히 우리의 관점과 제안을 말해야 하지 않겠습니까?"

스티븐 레이먼이 웃으며 고개를 저었다.

"논쟁은 당연히 필요합니다. 하지만 대상을 정확하게 선택하고 아둔한 사람을 피해야 본인도 소양을 쌓을 수 있습니다. 그러므로 동료들과 논쟁을 하세요. 세계관, 인생관, 가치관이 비슷한 사람들과 다양한 관점에 대해 이야기를 해야 유익한 논쟁이 됩니다."

모두 동의하며 웃었다.

맞는 말이다. 모든 사람들과 이치를 하나하나 따질 필요는 없다. 앞에 있는 상대가 논쟁을 벌일 만한 가치가 있는지를 먼저 고려해야 할 것이다. 만약 한평생 겨울을 보지 못한 상대에게 아무리 눈과 얼음에 대해 설명해도 그것을 제대로 알 수 있을까? 클레어가 로펌에 있을 때 동료들이 했던 말이 생각났다.

'미친 사람이랑 싸울 필요 없어. 옆에 있는 사람들이 너까지 미친 사람으로 본다니까.'

스티븐 레이먼이 말했다.

"겨울까지 살지 못하는 여름 곤충은 영원히 '눈과 얼음'의 의미를 알지 못합니다. 우리는 그것을 '인식의 국한성'이라고 말합니다. 상대방이 메뚜기가 아니라면 당신은 얼음에 대해, 나뭇가지에 핀 눈꽃에 대해서도 말할 수 있습니다. 메뚜기의 사유 방식은 머릿속의 내용이 전부입니다. 모든 지식을 이미 다 알고 있다고 생각하며 자신이 알지 못하는 지식은 잘못된 것이라고 생각하고 받아들이지 않습니다."

스티븐 레이먼이 웃었다.

"그것은 재미있는 현상을 일으킵니다. 아는 것이 적은 곤충일수록 알지 못한다고 느끼는 것이 적습니다. 아는 것이 많은 곤충일수록 알지 못한다고 느끼는 것이 많습니다. 그것을 우리는 '여름 곤충의 역설'이라고 합니다."

확실히 현대사회에는 '여름 곤충'이 많다. 사람들은 자신이 더 많이 알고 있다고 생각한다. 어쩌면 그러한 사유 방식이 자신의 발전을 제한하고 있을지도 모른다.

스티븐 레이먼이 모두에게 인사했다.

"오늘의 논리학 수업은 여기까지입니다. 앞으로 논리적 사유 방식을 활용해 문제를 생각하면 여러분의 논리 능력이 더 발전하게 될 것입니다."

모두 스티븐 레이먼에게 뜨거운 박수를 보내며 작별 인사를 했다.

CHAPTER

07

러셀
'논리학의
또다른 체계'

#러셀 #직관주의 #양상논리학 #논리의_변이 #사람은_왜_사는가
#자서전 #풍요와_빈곤

버트런드 러셀 | 1872 ~ 1970

영국 수상 존 러셀 백작의 손자로 20세기 영국 철학자, 수리논리학자, 역사학자,
무신론자이자 20세기 서양에서 가장 유명하고 영향력이 가장 큰 학자로 평화주
의 사회운동가 중 한 명이었다.

버트런드 러셀은 프레게, 비트겐슈타인, 화이트헤드와 함께 분석철학을 창립했
다. 그와 화이트헤드가 공동 저술한《수학원리》는 논리학, 수학, 집합론, 언어학,
분석철학에 거대한 영향을 미쳤다. 1950년 버트런드 러셀은 '다양하고 중요한
작품으로 지속적으로 인도주의 이상과 사상의 자유를 추구'한 것을 높이 평가받
아 노벨문학상을 수상했다. 버트런드 러셀의 대표작으로는《행복의 길》,《서양
철학사》,《수학의 원리》,《물질의 분석》등이 있다.

논리에
변이가 일어났을 때

논리학 수업을 듣기 전 클레어는 논리학은 그저 지루하고 복잡한 학문이라고 생각했다. 이렇게 재미있고 생활과 깊은 관계가 있을 줄은 생각도 못 했다. 오늘은 또 어떤 선생님이 훌륭한 강연을 펼쳐 주실까?

클레어는 자리에 앉았지만 강의실은 여전히 시끌시끌했다. 무슨 소식이라도 들었는지 흥분해서 웅성거리고 있었다.

클레어가 한 남학생에게 물었다.

"무엇에 대해 이야기하는 거예요?"

"저도 확실치는 않지만 오늘 버트런드 러셀 선생님이 오시는 것 같아요!"

버트런드 러셀? 클레어도 설레기 시작했다. 버트런드 러셀에 대해 많이 아는 것은 없지만 그 유명한 이름은 익히 들어서 알고 있었다. 버트런드 러셀은 논리학자일 뿐 아니라 노벨문학상 수상자이자 철학과 수학 분야에서 성취를 이룬 분이다. 클레어는 오늘도 많은 것을 배울 것 같은 기대감에 강의실 입구를 쳐다봤다.

학생들의 기대 속에 마른 몸매의 빛나는 눈빛을 지닌 신사가 천천히 강단으로 올라왔다. 말끔한 정장에 뚜렷한 이목구비를 지녔고 손에는 고풍스러운 파이프 담배가 들려 있었다. 눈앞의 이 사람이 버트런드 러셀이 아니면 누구겠는가?

버트런드 러셀은 흥분한 학생들을 보며 입을 열었다.

"안녕하십니까! 여러분의 논리학 멘토 버트런드 러셀입니다."

학생들이 조용해지자 버트런드 러셀이 질문했다.

"여러분, 논리적 사유를 할 때는 현상을 통해 본질을 봐야 한다는 것을 알고 계시지요? 그 본질이라는 것은 도대체 무엇일까요?"

버트런드 러셀의 질문에 클레어는 깊은 생각에 빠졌다. 본질은 본질 자체인데 또 무엇일 수가 있을까?

버트런드 러셀이 의아해하는 학생들의 얼굴을 보고는 웃으며 말했다.

"사실 나는 개인적으로 본질을 '경계를 나누는 것'이라고 생각합니다. 무엇으로 부르던 표현 하고자 하는 의미는 같습니다. 다양한 현상을 나누고 관계없는 요소를 없애면 남은 요소가 그 현상의 본질입니다. 그러나 현실에서는 수없이 많은 관계없는 요소들이 우리의 두 눈을 가리고 있습니다."

안경을 쓴 여학생이 이해가 가지 않는다고 말했다.

"선생님, 예를 들어주실 수 있나요? 왜 무관한 요소가 두 눈을 가리고 있는 것이죠?"

버트런드 러셀이 웃으며 말했다.

"이야기를 하나 해 드릴 테니 잘 들어보세요. 제2차 세계 대전 시기 사이가 굉장히 좋은 두 사병이 있었습니다. 사병 A는 사병 B에게 말했어요. '난 전쟁터에서 너를 위해 폭탄을 막아 줄 수도 있어.' 그 후 한 전쟁터에서 전기 주전자가 폭발하면서 달까지 날아갔고, 이로 인해 사병 A는 다리를 다쳤습니다. 사병 B는 사병 A를 극진히 보살폈고 두 사람의 관계는 더 좋아졌습니다. 그 후 미국 대선 시기, 사병 A는 트럼프를, 사병 B는 힐러리를 지지했지요. 사병 A는 사병 B를 죽이고 말았습니다. 사병 A는 죄책감이 들었고 다른 나라로 여행을 떠났습니다. 그때 문자 메시지 하나를 받았습니다. '나는 힐러리입니다. 대선에 실패한 후 중국으로 왔습니다. xxx 계좌로 돈을 보내주세요, 나중에 두 배로 갚겠습니다.' 사병 A는 이 메시지가 믿을 만한 것인지 알고 싶었습니다."

학생들은 입이 벌어졌다. 버트런드 러셀 선생님이 도대체 무슨 이야기를 하고 계신 거지? 버트런드 러셀은 멍해진 학생들을 보며 웃었다.

"자, 이것은 전형적인 논리의 변이입니다. 많은 사람들이 이 이야기가 저급하다고 생각할 것입니다. 하지만 사실 우리 주변의 많은 사람들과 많은 일들이 제가 들려드린 이야기처럼 관련 없고 의미 없는 요소가 가득합니다. 문제를 제기하고자 할 때 필요 없는 전제를 소개한다는 이야기이죠. 명제를 논증하고 싶다면서 명제와 논리적 관련이 없는 내용을 제시합니다."

클레어는 깜짝 놀랐다. 나도 그런 적이 있다. 매번 이야기할 때마다 많은 전제를 깔았다. 결국 상대방은 혼란스러워했고 귀찮아하기까지 했다.

버트런드 러셀이 말했다.

"이야기 앞부분에 복잡한 내용이 많이 나왔죠, 사병 A와 B의 관계, 전기 주전자, 달, 누가 누구를 지지한다는 등 모두 본질과 전혀 관계가 없습니다. 실질적으로는 마지막의 문자 메시지가 믿을 수 있는 것인지에 대한 문제였지요.

비슷한 상황은 정말 많습니다. 예를 들어 이혼을 고민하는 여자는 남자의 가정 폭력을 계속 견딜 수 있을지 고민하는 것이 아니라 남자가 한때 전쟁 영웅이었다는 것을 생각합니다. 많은 경우 본질은 복잡하지 않습니다. 단지 시간을 소모해야 본질을 볼 수 있을 뿐입니다.”

버트런드 러셀이 이어서 말했다.

“이제 여러분에게 양상논리학을 소개해 드리겠습니다.”

양상논리학이란
무엇인가?

양상논리학? 버트런드 러셀의 말이 끝나기가 무섭게 학생들은 생각에 빠졌다. 과연 양상논리학이란 무엇일까?

버트런드 러셀이 웃으며 말했다.

"모두 느껴 보셨는지 모르겠지만, 살아가다 보면 객관적인 사물을 짧은 시간 안에 완전히 이해한다는 것은 굉장히 어려운 일입니다. 따라서 우리는 객관적인 사물을 판정할 때 즉각적으로 결론을 도출하기 어렵습니다."

클레어는 맞는 말이라고 생각했다. 사물을 접할 때 첫인상이 오래가는 경우가 많다. 그것이 양상논리학인가?

버트런드 러셀은 클레어의 의문을 알아차린 듯했다.

"물론 그것이 양상논리학은 아닙니다. 양상논리학은 양상을 연구하여 판단하는 논리적 특성 및 추리 관계의 논리학입니다. 양상을 판단한다는 것은 사물과 상황의 가능성을 판정하는 것입니다."

한 남학생이 아리송한 표정으로 질문했다.

"선생님, 말씀이 난해합니다. 더 쉽게 이해할 수 있도록 예를 들어주실 수 있나요?"

버트런드 러셀이 웃으며 말했다.

"좋아요, 먼저 여러분에게 두 가지 질문을 하겠습니다. 바닷속에서 바늘을 건질 수 있을까요?"

모두 잠시 생각하더니 곧 대답했다.

"조금 어렵지만 그래도 가능은 합니다!"

버트런드 러셀이 웃었다.

"그럼 물속에서 달을 건지는 건요?"

이번엔 모두 바로 답했다.

"불가능합니다! 물속의 달은 그림자일 뿐인데 달을 어떻게 건질 수 있겠어요?"

버트런드 러셀이 웃으며 박수 쳤다.

"보세요, 여러분은 이미 양상적 판단을 했습니다. 가능과 불가능의 상황을 판단하는 것이 양상적 판단입니다. 우리가 사물을 막 접했을 때는 짧은 시간 안에 양상적 판단을 하는 것이 쉽지 않습니다.

바닷속에서 바늘을 건지는 것과 물에서 달을 건지는 것의 가능성에 대한 결론은 수많은 고증과 결론을 통해 얻은 것이죠."

남학생은 약간은 이해한 듯했지만 또 이해가 가지 않는 부분도 있는 것 같았다. 버트런드 러셀은 남학생의 표정을 보며 말을 이어갔다.

"좋아요, 또 다른 예를 이야기해 봅시다. 어떤 사람이 복권을 샀는데 십만 달러에 당첨됐습니다. A, B, C 세 사람이 그 이야기를 듣고 모두 복권을 사러 갔죠. A는 '누군가 당첨됐다는 것은 당첨 가능성이 있다는 말이니 복권을 사러 가자'라고 말했죠. B는 '다른 사람이 당첨됐다고 우리도 당첨되는 것은 아니야. 그저 가능성만 있을 뿐이지, 시도나 해 보자.'라고 말했습니다. C는 '사지 마, 우린 절대 당첨되지 못해.'라고 말했습니다. 세 사람 중 누구의 말이 맞지 않을까요?"

버트런드 러셀의 말이 끝나자 클레어가 말했다.

"A와 B의 말은 맞고 C는 틀렸습니다!"

버트런드 러셀이 동의했다.

"훌륭해요, C가 한 말은 너무 절대적이죠. '절대 당첨되지 못 한다'라는 말은 가능성을 전면적으로 부정한 것입니다. 누군가 복권에 당첨되었다면 그 복권은 당첨 가능성과 당첨되지 않을 가능성이 있다는 것이며, 절대 당첨되지 못한다는 개념은 존재하지 않습니다. 그

것이 바로 제가 여러분에게 소개하는 양상적 판단입니다."

안경을 쓴 여학생이 말했다.

"맞아요, 세상에 절대적인 일이 어디 있겠어요? 십만 달러에 당첨될 확률은 십만 달러를 벌 수 있는 확률보다 높다고 했어요."

모두가 웃었다. 버트런드 러셀도 웃으며 말했다.

"방금 여러분에게 양상적 판단을 소개했습니다. 이어서 양상적 판단에 상응하는 필연적 판단에 관해 이야기하겠습니다."

클레어는 생각해 보았다. 양상적 판단이 사물에 대한 심도 있는 판단이라면, 필연적 판단은 실행 가능성에 대한 판단이겠지? 버트런드 러셀이 이번에도 예를 들었다.

"모두 옛날 유행했던 조류인플루엔자 아시죠. 누군가 청과 시장에서 파는 살아 있는 닭이 조류인플루엔자 바이러스를 가지고 있을 수 있다고 말했습니다. 그래서 사람들이 한동안 닭을 먹지 않다가 시간이 조금 흐른 뒤에 먹었죠. 그러나 그 누구도 그 시장에 조류인플루엔자가 존재하는지 알 수 없었어요. 존재할 수도, 그렇지 않을 수도 있지요. 하지만 사람들은 바이러스가 존재한다고 믿고 조류인플루엔자가 걸린 닭을 살 가능성을 피했어요. 사람들의 양상적 판단이 필연적 판단의 방향으로 가는 것이지요."

"아! 알겠어요!"

한 여학생이 말했다.

"선생님의 뜻은, 필연적 판단은 사람들이 이익을 추구하고 손해를 피하려는 심리라는 거군요!"

버트런드 러셀이 웃으며 고개를 끄덕였다.

"좋아요. 조금 전 얘기했던 복권의 예를 다시 말해 볼까요. 사람들은 자신이 복권에 당첨될 확률이 매우 낮다는 것을 알고 있습니다. 하지만 그래도 복권을 계속 구매합니다. 그것은 일종의 필연적 판단인 것이죠."

적지 않은 학생들이 고개를 끄덕이는 것을 보면서 클레어는 복권을 구매하는 사람들이 많은 것 같다는 생각이 들었다. 버트런드 러셀이 이어서 말했다.

"사실 누가 청과 시장의 닭에 바이러스가 있다고 보장할 수 있겠습니까? 모든 닭이 건강할지도 모를 일이지요. 또 누가 복권 1등에 당첨될 것이라고 보장할 수 있을까요? 아무도 보장할 수 없지요. 모두 심리적 영향을 받았을 뿐입니다. 그러나 논리학을 배우면 우리는 생활 속에서 마주치는 다양한 일들에 이성적으로 대처할 수 있습니다."

골똘히 생각에 빠진 학생들을 바라보며 버트런드 러셀은 기쁜 듯이 웃었다.

"여러분, 내가 쓴 책을 본 적이 있지요?"

일부 학생들을 제외하고는 대부분의 학생들이 본 적이 있다고 답했다. 버트런드 러셀은 약간 아쉬움이 묻어나는 목소리로 말했다.

"여러분! 내 책은 여러분에게 많은 도움이 됩니다! 특히 《수학의 원리》는 논리학, 수학, 언어학, 분석철학 등을 하나로 집대성한 작품입니다! 물론 제가 가장 추천하는 책은 저의 자서전입니다만……"

모두 웃었다. 이렇게 버틀런드 러셀이 자신의 자서전을 직접 홍보할 줄이야!

"자서전의 머리말 부분이 논리학과 밀접한 관련이 있습니다. 바로 '나는 왜 살아야 하는가'입니다."

남학생이 이해가 가지 않는 듯이 물었다.

"왜 사냐고요? 그게 논리학과 관계가 있는 건가요?"

버틀런드 러셀이 신비롭게 웃었다.

"자, 천천히 시작해 봅시다."

직관주의 논리:
사람은 왜 사는가?

버트런드 러셀이 말했다.

"사실 사람이 왜 사는가? 라는 문제를 탐구하려면 직관주의 논리부터 이야기해야 합니다. 직관주의 논리에서는 인간에게 세상의 실상을 통찰할 능력이 있다고 여깁니다. 이러한 '능력'은 인간의 마음속에 정착하여 직관이 됩니다. '조물주'가 자신의 '유전자'를 인간 또는 기타 물종에 전달하여 그 물종이 유전자를 통해 조물주의 세상을 만든 것처럼요."

모두 이해가 잘 가지 않았다. 클레어가 질문했다.

"선생님, 구체적으로 말씀해 주시겠습니까? 이해가 쉽지 않습니다!"

모두 고개를 크게 끄덕였다. 버틀런드 러셀이 설명을 이어갔다.

"좋아요, 저의 자서전 머리말에 썼던 내용을 여러분에게 다시 한 번 설명해 드리겠습니다. 나는 왜 살아야 하는가? 여기에는 세 가지 이유가 있습니다. 그 이유를 한마디로 말하면 사랑입니다. 첫째, 사랑은 가끔 나에게 기쁨을 가져다줍니다. 이러한 기쁨은 호소력이 매우 크고 단 몇 시간의 사랑을 위해 다른 모든 것을 희생하기도 하죠."

자신의 말에 빠져든 듯한 모습에 학생들이 숨죽여 웃었다.

"두 번째 이유는 사랑은 외로움에서 벗어나게 해 준다는 것입니다. 공포와 외로움을 느끼는 사람은 세계의 변방에서 냉혹하고 끝없는 심연을 보기도 합니다. 마지막으로, 사랑의 결합을 통해 동서고금이 모두 말하는 꿈을 봅니다. 그건 바로 천국이죠. 제가 추구하는 인생의 경지입니다."

버트런드 러셀이 진지한 표정으로 말했다.

"과거에 비슷한 감정으로 지식을 추구한 적이 있습니다. 왜냐하면 인류를 알고 싶은 갈망이 컸기 때문입니다. 별은 왜 빛을 내는지 알고 싶었고, 피타고라스의 힘을 알고 싶었습니다. 그리고 사랑과 지식의 영역에서 마침내 저는 천국에 도달했습니다. 하지만 고난받는 인류를 동정하면서 다시 현실 세계로 돌아오곤 했습니다."

클레어는 약간 멋쩍어졌다. 버트런드 러셀과 비교했을 때 자신의 삶에 대한 이해도가 깊지 않았기 때문이다.

버트런드 러셀이 계속 말했다.

"배가 고픈 아이, 압박받는 약자, 외롭고 의지할 곳 없는 노인, 세계적인 빈곤 등 현실 세계는 고통의 목소리가 가득합니다."

"내 작은 힘을 보태서 불필요한 고통을 없애고자 노력해 왔습니다. 하지만 고통을 완전히 없앤다는 것이 불가능하다는 것을 깨달았고 그로 인해 저 역시 고통을 받았습니다."

버트런드 러셀이 무거운 목소리로 말했다.

"그것이 나의 일생이었습니다. 사람은 그래도 살아야 합니다. 만약 누군가 저에게 다시 기회를 준다면 저는 기꺼이 그 기회를 소중히 받을 것입니다."

클레어는 버트런드 러셀이 차분해졌다고 느꼈다. 그의 삶에 대한 이해는 매우 인상 깊었다. 수업 분위기가 무거워진 것을 느낀 버트런드 러셀은 가벼운 목소리로 말했다.

"사실 생물의 일종인 사람이 삶을 추구하는 것은 모든 사람들의 본능입니다. 살아간다는 것은 생명의 유일한 요구사항이죠. 모두 아시다시피 삶을 영위하는 것은 아름다운 것입니다. 비록 가끔 고통스럽고 가난해지고 괴로울 수 있지만 죽는 것보다 살아가는 것이 더 행복합니다. 물론 죽는 것을 두려워하지 않는 사람이 있다는 것을 부인하지는 않습니다. 하지만 죽음은 낙엽과 같아서 생기가 없는 꿈과 같다고 생각합니다."

한 남학생이 고개를 끄덕이며 깊은 동의를 표했다.

"맞습니다. 사람은 살아가면 따뜻한 햇살을 느낄 수 있고, 무궁무진한 아름다운 환상에 빠질 수 있습니다. 고통 속에 있다 하더라도 언젠가는 맑은 날이 오리라는 것을 알기 때문이죠. 그때 우리는 '내가 아직 살아있구나'라고 생각하며 기뻐할 것입니다. 죽을 것 같은 괴로운 시간을 거치면 살아있다는 것이 얼마나 고귀한 일인지 알게 될 것입니다!"

버트런드 러셀이 남학생을 칭찬했다.

"논리학에서 살아있는 것에 대한 문제는 자주 논의되어 왔습니다. 많은 사람들이 살아가는 것은 본능이라고 생각하지만 논리학자들이 볼 때 살아있는 것은 본능일 뿐 아니라 은혜이기도 합니다. 삶이 무료하고 단조롭다 하더라도 한 잔의 술, 맛있는 음식, 시원한 그늘, 아이들의 웃음소리 이러한 것들은 정말 즐겁지 않습니까?"

클레어는 플라톤의 말이 생각났다. 한 사람의 기분을 결정하는 것은 환경이 아니라 마음이다.

버트런드 러셀이 말했다.

"'물질적으로 풍요롭지만 정신적으로 빈곤한 사람'을 우리 주변에서 볼 수 있습니다. 살아가다 보면 유혹이 굉장히 많고 우리는 한순간에 현혹되기 쉽습니다. 우리가 모두 뛰어난 인재가 될 수는 없습니다. 그러나 그것이 우리가 잘살아가는 데 영향을 주지는 않습니다."

클레어가 자기도 모르게 입을 열었다.

"삶의 무의미함을 견디면서 우울의 늪으로 빠지지 않는다면 그것만으로도 충분히 자부심을 느낄 수 있을 것 같아요."

버트런드 러셀이 고개를 끄덕였다.

"그렇죠, 니체는 '생명은 우리 모두에게 있어서 단 한 번이다. 그러나 생명에 대한 느낌은 사람마다 다르다. 죽음을 두려워하지 않으면 삶에 대해 열정이 생길 수 있을까?'라고 말했습니다."

버트런드 러셀의 마무리 강의가 이어졌다.

"사랑에 대한 갈망, 지식에 대한 욕망, 인류 고통에 대한 동정 등이 제가 이번 생애에 느낀 세 가지 강렬한 감정입니다. 이 감정들은 마치 태풍처럼 저를 불안정한 생애로 불어넣고 심지어 깊은 바닷속으로 빠지게도 했습니다."

강의실에 들어설 때처럼 천천히 교재를 정리하고 강단에서 내려서는 버트런드 러셀에게 박수가 한참이나 이어졌다.

CHAPTER

라이프니츠
'비논리적
사유의 근원'

#라이프니츠 #논리학의_극단 #의심 #시니시즘 #맹목적_낙관
#진실의_이면 #진정한_진심

고트프리트 빌헬름 라이프니츠 | 1646 ~ 1716

독일의 수학자, 과학자, 공학자, 철학자이며 법률가이기도 하다. 무한소 미적분을 창시하였으며, 라이프니츠의 수학적 표기법은 아직까지도 널리 쓰인다. 라틴어, 프랑스어, 독일어 등 다양한 언어를 사용해 책을 썼으며 기계적 계산기를 가장 많이 발명한 사람 중의 한 명이기도 하다. 철학에서는 낙관론 주장으로 유명하며 데카르트, 스피노자와 함께 3대 합리주의론자 중 한 명이다. 현대 분석철학을 앞당겼다는 평가를 받는다. 주요 저서로《모나드론》,《형이상학 서설》,《인간 오성신론》이 있다.

의심,
불행의 근원인가?

클레어는 이미 거의 다 차 버린 좌석 중 한 곳을 재빠르게 차지하고 오늘의 논리학 스승이 '강림'하시기를 기다렸다.

묵직한 검은색 가발에 근세 시대 신사복을 입고 목에 흰색 머플러를 두른 중년의 남성이 들어왔다. 모두의 기대감이 느껴지는 가운데 중년의 남성이 천천히 입을 열었다.

"안녕하십니까! 오늘의 논리학 멘토 고트프리트 빌헬름 라이프니츠입니다!"

"와! 미적분을 처음으로 공개한 수학자시군요!"

안경을 쓴 남학생이 흥분된 목소리로 말했다. 라이프니츠는 자랑스러운 표정을 지으며 고개를 끄덕였다.

"맞습니다. 하지만 오늘은 논리학자라는 신분이 더 자랑스러운 날이군요. 논리학에 대한 강연을 잘하는 것이 오늘 나의 목적입니다. 수업을 시작하기 전에 여러분에게 질문을 하나 하겠습니다. 의심은 불행의 근본일까요?"

클레어는 금방 이해가 되지 않았다. 논리학적 사유에 따르면 사물을 의심해야 진리를 발견할 수 있는데 의심과 불행을 함께 논할 수 있다는 말인가?

라이프니츠는 물음이 가득한 학생들을 바라보며 웃었다.

"여러분, 학술적으로 의심하는 태도는 반드시 필요합니다. 하지만 일상생활 속에서 사사건건 의심하는 것은 좋지 않습니다."

한 남학생이 손을 들고 말했다.

"선생님, 의심이 좋은 일이 아니라는 말씀에 대해 예를 들어주실 수 있나요?"

라이프니츠가 웃었다.

"전 한 젊은 부부를 알고 있었습니다. 두 사람의 관계는 매우 좋았지요. 하지만 아내는 남편이 자신을 정말로 사랑하는지 의심했어요. 그래서 예쁘게 생긴 친구에게 부탁해 바람기를 시험해 봤습니다. 결국 남편은 시험을 이기지 못했고 두 사람은 이혼하게 됐습니다."

한 여학생이 불퉁거리듯이 말했다.

"부인이 잘한 것 같은데요, 남편이 시험을 이기지 못했잖아요. 만약 시험하지 않았다면 이후에도 그런 문제가 발생했을 거라고 생각해요."

라이프니츠는 고개를 저었다.

"그럴까요? 부인의 의심이 없었다면 남편은 평생 그렇게 예쁜 여인을 만나지 못했을 것이고, 두 사람도 평범하고 행복하게 한평생을 지냈을 겁니다. 하지만 아름다운 미래가 부인의 의심으로 끝났습니다. 아닌가요?"

여학생이 잠시 생각하더니 고개를 끄덕이며 라이프니츠의 생각에 동의를 나타냈다.

"긍정적인 사례도 있습니다. 핀센을 알고 계십니까? 덴마크의 의학자이자 노벨상 수상자이기도 하죠. 핀센은 노년에 후임자를 육성하기로 했습니다. 그는 수많은 후보 중 해리라는 젊은 의사를 선택했지요. 하지만 핀센은 해리가 무미건조한 의학연구를 과연 견딜 수 있을지 의심스러웠습니다. 어느 날 핀센의 조수가 그에게 제안을 하나 했습니다. '핀센의 친구가 고액의 연봉을 지불하고 해리를 초빙하려 한다고 말한 뒤 그의 마음이 흔들리는지 확인하라'는 것이었습니다."

클레어는 생각했다. 어느 누가 좋은 일자리를 마다할까? 이런 시험은 지나친 것이 아닐까?

라이프니츠가 이어서 말했다.

"하지만 핀센은 조수의 제안을 거절했습니다. 핀센은 '도덕적 고지에서 다른 사람을 내려다보아서는 안 된다. 또한 인성을 시험하지 말라. 가정환경이 어려운 해리가 금전에 대한 갈망이 없을 수는 없다. 그에게 고액의 대가를 지불한다고 달콤한 제안을 하면서 또 다른 한편으로 그가 거절하기 바라는 것은 그에게 성인이 되라는 것과 같다'라고 말했습니다."

이야기를 들은 학생들은 자기도 모르게 박수를 쳤다. 그렇다, 우리 모두 성현이 아닌데 다른 사람에게 성인이 되라고 요구할 자격이 있을까?

라이프니츠가 감격스럽게 말했다.

"결국 해리는 핀센의 제자가 되었고 덴마크의 저명한 의학자가 되었습니다. 은사가 자신의 인성을 시험하는 기회를 거절했다는 이야기를 들었을 때 그는 눈물을 흘렸습니다. '만약 그때 큰 이익으로 유혹하며 나의 인격을 평가했다면 그 함정에 빠져들었을 것이다. 당시 나의 어머니는 병환으로 침대에 누워 계셨고, 형제들도 학교에 다녀야 했기 때문이다. 그랬다면 나는 지금의 성과를 이루지 못했을 것이다.'"

클레어도 감격스럽게 한숨을 쉬었다. 그렇다, 우리 삶에서 의심은 정말 불행의 근원이 될 수 있다. 상대방을 믿고 상대를 시험하는 기회를 포기한다면 이 세상은 얼마나 아름다워질까? 남을 시험하는 것은 미식가인 사람을 묶어 두고 식탁 위에 놓인 음식을 건드리지 말라고 하는 것과 다르지 않다.

라이프니츠가 말했다.

"우리 같은 평범한 사람들은 대부분 각자 중시하는 가치가 있습니다. 그리고 사람은 모두 사심이 있습니다. 낯선 사람을 위해 사심 없이 헌신하고 어떤 보답도 바라지 않는다는 사람은 거의 없을 것입니다. 따라서 도덕적 고지에서 다른 사람을 의심해서는 안 됩니다. 그것이야말로 똑똑한 사람의 행동입니다."

모두 기쁜 마음으로 박수를 쳤다.

시니시즘과
맹목적인 낙관

라이프니츠는 박수 소리가 잦아들자 새로운 문제를 냈다.

"여러분, 빈틈이 전혀 없는 사람보다 세상을 가볍게 바라보는 사람과 함께 있는 것이 더 즐거운가요?"

모두 웃었다. 그렇다. 그런 사람과 함께 있다면 그다지 엄숙하지도 않고 압박감도 없다. 라이프니츠가 웃으며 말했다.

"시니시즘^{냉소주의}에 빠진 사람은 사소한 것을 비교하지 않고 비교적 달관한 태도를 지닙니다. 그것은 현실에 대응하는 방법의 하나자 초연한 해탈입니다."

학생들이 고개를 끄덕였다. 시니시즘에 빠진 사람과 함께 있으면 마음에 부담이 가지 않았다.

"하지만,"

라이프니츠가 말했다.

"그런 사람이 낙관적인 사람이라는 뜻은 아닙니다. 낙관과 맹목적인 낙관은 큰 차이가 있습니다!"

클레어는 고개를 끄덕였다. 어떠한 일이든 정도가 있어야 한다. 낙관이라는 것은 좋은 것이다. 긍정적인 마인드로 모든 것을 대하는 고귀한 성격이다. 낙관적인 사람은 평화로운 마음과 이성으로 모든 상황을 대처한다. 그러나 맹목적인 낙관은 다르다. 심각한 결과를 초래할 수 있는 이성적이지 않은 모습이다.

라이프니츠가 말했다.

"한결같이 낙관적인 태도만 취한다면 앞으로 발생할 위험을 볼 수 없습니다. 하지만 우리 삶에서 이러한 사례는 꽹장히 많습니다."

클레어가 고개를 끄덕였다. 클레어가 로펌에 있을 때 선배들이 이런 말을 자주 했다.

"너무 낙관적인 것 아냐?"

그때는 이 말이 이상했다. 클레어도 낙관은 성공으로 가는 중요한 요소라고 생각해 왔다. 어떻게 지나치다는 말이 있을 수 있지? 요즘에야 지나친 낙관은 현실에서 멀어지게 한다는 것을 알게 되었다.

라이프니츠가 말했다.

"낙관적인 생각을 적당히 유지한다면 장밋빛 미래를 볼 수 있지만 지나치게 낙관해서는 안 됩니다. 곧 닥쳐올 문제를 잘못 평가할 수 있기 때문입니다."

포니테일 머리를 한 여학생이 손을 들었다.

"선생님, 만약 너무 낙관만 한다면 어떠한 결과를 초래할까요? 쉽게 우리 생활과 관계된 사례를 들려주실 수 있나요?"

라이프니츠가 웃으며 말했다.

"물론 가능합니다. 평소에 여행을 좋아하나요?"

여학생은 고개를 끄덕이며 좋아한다고 말했다.

"예를 들어 아프리카 여행을 간다고 가정해 봅시다. 초원의 반 정도를 갔는데 차에 기름이 없다는 것을 발견했어요. 주변에는 여러분을 호시탐탐 노리는 사자 무리가 있지요. 이때 어떤 선택을 해야 할까요?"

여학생은 잠시 생각하더니 말했다.

"그 자리에서 구조를 기다릴 것 같아요."

라이프니츠가 웃으며 말했다.

"이성적인 선택입니다. 맹목적으로 낙관하지 않고 있다는 것을 알려주고 있군요. 맹목적으로 낙관하는 사람이라면 주유계가 고장 나서 아직 기름이 남아 있을 거라고 생각하며 계속 운전을 하려 할 수 있습니다. 또는 차에서 내려 걸어갈 생각을 할 수도 있죠. 맹목적으로 낙관하는 사람들은 사자가 배가 불러서 자신을 거들떠보지도 않을 것이라고 생각할 수도 있습니다."

라이프니츠가 이어서 말했다.

"어릴 적 같이 놀던 친구가 있었습니다. 그는 신실한 기독교 신자였죠. 매우 낙관적이었던 그를 보며 저와 친구들은 그 어떤 어려움도 그를 무너뜨릴 수 없을 것이라고 생각했습니다. 어느 날 친구가 심각한 병에 걸렸습니다. 하지만 그의 낙관적인 태도가 오히려 더 안 좋은 상황을 불러왔습니다. 우리는 친구에게 병원에 가라고 권유했지만 친구는 그렇게 빨리 죽을 리가 없다며 밤낮으로 기도만 할 뿐 병원은 가지 않았습니다. 결국 친구가 믿던 신은 그에게 더 많은 시간을 허락하지 않았습니다."

라이프니츠가 가슴 앞에 십자가를 그리며 말을 이어갔다.

"나는 논리학자입니다. 논리적 사유는 언제나 '정도'를 기억합니다. 뉴욕대학교의 어느 심리학 교수가 '모든 일을 좋은 방향으로 생각하면 더 쉽게 성공할 수 있을까?'라는 주제로 연구를 한 적이 있습니다. 실험 결과는 지나치게 낙관적으로 생각하면 오히려 목표를 실현하는 데 방해가 된다는 것이었습니다."

라이프니츠는 고개를 작게 저으며 말했다.

"낙관적인 환상을 품거나 순조롭게 목표를 달성할 수 있다고 여기는 사람들이 있는데 그러한 낙관적인 마음은 성공에 도움이 되지 않고 오히려 꿈을 실현하는 데 방해가 됩니다. 따라서 우리는 논리적 사유를 할 수 있도록 단련해야 합니다. 맹목적인 낙관은 피해야 합니다."

진실의
이면

한 여학생이 손을 들고 말했다.

"개인적인 질문이긴 한데 선생님의 고견을 듣고 싶습니다. 남자친구와 싸울 때마다 남자친구가 '네가 이겼다고 치자, 됐어?'라고 말하는데 그 말에 더 화가 나는 것 같아요."

라이프니츠가 웃으며 말했다.

"정말 화가 날 수 있는 말이군요. 사실 화가 나는 이유는 논리적 사유를 통해 그의 말이 무성의하고 진정성이 전혀 없다는 것을 깨달았기 때문입니다. 진짜 논쟁에서 이긴 것이 아니라 남자친구가 더 이상 말다툼을 원하지 않아 이기게 된 것이죠?"

여학생이 강하게 고개를 끄덕였다.

"맞아요, 남자친구의 불성실한 태도에 화가 나요, 더 이야기하고 싶어도 결국 저 혼자 싸우는 것 같더라고요."

라이프니츠가 웃었다.

"사실 남자친구의 말투에는 약간의 미움의 감정이 섞여 있어요. 나는 여러분이 논리적 사유를 통해 진실의 배후에 감춰진 허위를 판별하길 바라는 마음입니다."

클레어가 말했다.

"선생님의 말씀은 현상을 통해 본질을 보라는 말씀이신가요?"

라이프니츠가 칭찬하며 말했다.

"훌륭해요. 상대방의 언어, 말투, 표정에서 상대방의 진짜 생각을 해석하는 것이 매우 필요합니다. 문제를 볼 때 그 사건의 배후에 있는 '근본적으로 움직이는 논리'를 파악하면 진정한 원인과 결과를 이해할 수 있고 필요 없는 요소와 감정적인 편견에 흔들리지 않고 판단할 수 있습니다."

라이프니츠가 계속 말했다.

"진실의 배후에 있는 또 다른 면을 보는 법을 배우는 것은 매우 중요한 사유 방식입니다. 그런 사유 방식이 있어야 시간을 낭비하지 않고 상대방의 요지를 알 수 있습니다."

한 여학생이 손을 들었다.

"그럼 우리가 어떻게 다른 사람의 진실의 배후를 판단할 수 있을까요? 저는 연애를 세 번 해 봤는데 매번 속았다고 생각해서 헤어졌어요."

라이프니츠는 여학생에게 동정을 표했다.

"사실 상대방이 진실한지 판단하는 것은 매우 쉽습니다. 논리적 사유 측면에서 여러분에게 두 가지 방법을 소개해 드리겠습니다. 첫째는 시간이 상대방이 진실한지 아닌지를 알려줍니다. 두 번째 방법은 디테일을 보는 것입니다. 사람의 습관은 쉽게 바뀌지 않습니다."

여학생이 이해가 가지 않는다는 듯 고개를 갸웃거렸다.

라이프니츠가 웃으며 말을 이었다.

"연애할 때 눈앞에 놓인 세상은 굉장히 아름답습니다. 그것 때문에 많은 문제를 보지 못하지요. 예를 들어 남자친구가 계속 달콤한 말만 하며 사랑의 맹세를 하지만 몸이 아플 때 약을 사다 주는 것은 꺼립니다. 이때 주변 사람들은 남자친구가 믿을 만하지 못하다는 것을 발견합니다. 그러나 사랑에 빠진 학생은 남자친구를 위해 핑계를 찾으며 믿을 만하지 못한 모습을 간과하죠."

여학생은 놀랐다.

"그 말씀은 방관자의 입장에서 연애를 하라는 뜻인가요?"

라이프니츠는 고개를 저었다.

"그건 아닙니다. 단지 여러분이 언제든 표면적인 것 때문에 자신의 논리적 사유가 막히는 것을 원하지 않을 뿐입니다. 진실과 거짓은 달콤한 말 몇 마디로 파악할 수 있는 것이 아닙니다."

여학생이 생각이 잠기며 고개를 끄덕였다. 라이프니츠가 이어서 말했다.

"사실 사람들은 다른 사람들과 교류할 때 많은 전략을 사용합니다. 여러분도 다른 사람을 만나면 보이는 정보를 통해 간단히 판단합니다. 예를 들어 상대방의 직업, 취미 등을 대화를 통해 알아보면서 교류를 시작합니다. 한눈에 볼 수 있는 것에서 시작해서 보이지 않는 것까지 이야기하죠. 그것이 대화의 기본 규칙입니다."

모두 고개를 끄덕였다. 확실히 사람들과 교류할 때 이런저런 이유로 친근하게 다가가는 사람들이 있다.

라이프니츠가 목소리를 가다듬고 다시 말했다.

"하지만 아무리 많은 이야기를 하고 많은 일을 해도 본심에서 우러나온 진심이 아니라면 평생을 속일 수는 없습니다. 거짓말을 했다면 더 많은 거짓말로 꾸며야 하기 때문입니다. 진심에서 우러나온 것이 아니라면 그물을 엮듯 이것저것 엮어내지 못하면 관계를 이어나갈 수 없습니다. 이는 거짓말이 시간이 지나면 다 발각되는 이유입니다."

이해한 학생들이 고개를 끄덕였다.

라이프니츠가 이어서 말했다.

"많은 사람들은 아무리 완벽한 전략을 세우고 진실을 잘 감춰도 거짓말은 결국엔 탄로가 난다는 것을 알고 있습니다. 진실이야말로 세상에서 가장 현명한 전략이지요. 진정한 진심이 있어야만 논리적 사유의 시험을 견딜 수 있을 것입니다."

모두 라이프니츠의 말에 박수를 쳤고 박수 소리는 오래 이어졌다.

09

제번스
'수와 양의
논리'

#제번스 #수 #양 #창조적_사고 #추상적_논리학 #순수논리
#숨겨진_의미 #숨겨진_위험 #치밀함 #WOOP_전략

윌리엄 스탠리 제번스 | 1835 ~ 1882

영국 리버풀 출생. 1864년《순수 논리, 또는 수와 양의 논리》라는 책을 출간하였
으며, 그 후 몇 년간 논리 기계 연구에 몰두했고, 논리적 전제를 제시하면 기계를
이용해 나타낼 수 있다는 것을 알아냈다.

그 후 발표한《논리학 초급 강좌》는 영어권에서 가장 유행하는 논리학 기초 교
과서가 되었다. 1874년 펴낸《과학 원리》라는 책에서 초기의 순수 논리와 비슷
한 부류에 대해 구체적으로 설명하고 귀납법은 연역법의 간단한 반전이라는 관
점을 발전시켰다. 창조적인 사고를 강조한 논리학자, 경제학자, 통계학자로 널
리 이름을 남겼다.

공개적 의미와
숨겨진 의미

오늘은 클레어의 아홉 번째 수업이다. 지금까지의 내용 덕분에 클레어는 많은 것을 배웠고 논리학에 점점 빠져들고 있었다. 오늘도 설레는 기분으로 자리에 앉았다.

"여러분, 안녕하세요!"

우렁찬 목소리가 조용한 교실을 깨웠다. 클레어는 목소리가 들리는 강단 쪽을 바라보니 갈색 정장을 입은 중년의 신사가 인사를 했다.

클레어가 보자마자 말했다.

"윌리엄 스탠리 제번스 선생님이시군요!"

제번스가 유쾌하게 웃었다.

"나를 알아볼 줄 몰랐네요, 정말 기쁩니다."

양복을 차려입은 남성이 기대에 찬 목소리로 물었다.

"선생님을 알고 있습니다. 하지만 경제학 분야를 통해 알게 되었어요, 경제학자 맞으시죠? 최근 경제학에 관심이 많은데 간단하게라도 강연해 주실 수 있나요?"

제번스가 빙긋 웃으며 말했다.

"논리학 분야에서의 내 위치는 경제학보다 절대 낮지 않습니다! 경제학 방면의 내용은 기회가 있다면 소개해 드리죠."

그 남성은 재차 물었다.

"기회라고 하시면 언제를 말씀하십니까? 오늘입니까?"

제번스가 학생을 바라보며 어쩔 수 없다는 듯이 웃었다.

"내 말에 숨겨진 의미를 이해해야 합니다. 완곡하게 거절한 것입니다."

남성은 그제야 깨닫고 고개를 저으며 제번스에게 말했다.

"죄송합니다. 다른 사람이 하는 말의 속뜻을 잘 파악하지 못한다는 소리를 듣곤 합니다. 그래서 정말 난처한 일이 많이 생기죠."

제번스가 손을 저으며 앉으라고 했다.

"이해합니다. 이곳에 계신 여러분들도 이분처럼 비슷한 문제 때문에 곤란한 경우가 있을 것이라고 생각합니다. 다른 사람의 말속에 숨겨진 의미를 이해하기 어려운 것은 논리적 사유 능력이 아직 부족하기 때문입니다."

클레어가 물었다.

"선생님께서 말씀하시는 숨겨진 의미란 말에 내포되어 있는 속뜻을 말씀하시는 건가요?"

"그렇습니다. 말 속에 은근히 내포된, 직접석으로 표현하지 않는 의미이죠. 말 속에 숨은 뜻을 담고 있다는 것은 그 사람이 지혜롭게 상황을 대처하는 것이기도 합니다. 사례를 하나 들려드리죠."

모두 제번스의 이야기를 경청하기 위해 집중했다.

"여러분, 아돌프 폰 멘첼이라는 유명한 화가를 아시죠? 하루는 이름 없는 화가가 그를 찾았습니다. 그 화가는 멘첼을 보자마자 고충을 토로했습니다. '그림 그리는 데에는 하루면 충분한데 왜 파는 데는 1년이나 걸릴까요.' 멘첼이 진지하게 말했습니다. '그렇다면 그림을 1년 동안 그려보는 것은 어때요?' 여러분, 문제를 내겠습니다. 멘첼이 표현하고자 하는 속뜻은 무엇일까요?"

클레어는 잠시 생각하다가 답했다.

"멘첼의 뜻은 화가가 1년 동안의 시간과 공을 들여 그림을 그린다면 작품을 단 하루 만에 팔 수 있을 것이라는 겁니다. 즉 화가가 그림을 팔지 못하는 이유는 투자하는 시간이 적기 때문입니다. 정성들여 심혈을 기울여가며 그림을 그려야 사람들의 인정을 받을 수 있습니다."

제번스는 클레어에게 미소로 답했다.

"멘첼도 이보다 더 잘 표현할 수 없었을 겁니다. 우리가 사람들과 이야기를 하는 과정은 사고의 과정입니다. 논리적 사유와 구체적인 정황을 결합하여 상대방의 내용을 정확하게 분석해야 합니다. 또한 상대방의 신분과 심정 등도 잘 알고 있어야 상대방의 속뜻을 정확하게 파악할 수 있습니다."

한 남학생이 고개를 저었다.

"그건 좀 귀찮은 것 같아요! 하고 싶은 말 있으면 바로 하면 되지 않나요? 왜 아닌 척 시치미를 떼면서 추측하도록 하나요?"

제번스는 고개를 흔들었다.

"가끔은, 신분과 당시의 배경으로 인해 속마음을 있는 그대로 표현할 수 없기도 합니다. 예를 들어 '피아노의 왕'이라고 불렸던 리스트는 이런 일을 겪었던 적이 있습니다."

모두 등을 펴고 집중했다.

제번스가 말했다.

"리스트는 크렘린 궁의 초청을 받아 연주를 했습니다. 연주가 시작되었을 때 차르슬라브계 국가에서 군주를 지칭하는 말가 다른 사람과 대화를 했지요. 리스트는 차르가 자신을 무시한다고 여기고는 연주를 멈췄습니다. 차르가 물었습니다. '연주를 왜 멈추는가?' 리스트는 몸을 숙이며 말했습니다. '폐하께서 이야기하시는데 당연히 경청해야

지요."

학생들은 리스트의 지혜에 감탄했다.

제번스가 말했다.

"생각해 보세요, 리스트가 차르에게 '나를 무시했으니까 연주하고 싶지 않습니다.'라고 말했다면 어떤 일이 일어났을까요? 아마 죽음을 면치 못했을 수도 있습니다. 그때 논리적 사유를 통해 교묘하게 대응하고 자신이 원하는 목적을 달성했습니다. 그것이야말로 똑똑한 행동이었지요."

남학생이 동의했다.

"리스트의 뜻은 '나의 연주를 듣지 않고 다른 사람과 이야기를 하다니, 이건 나를 무시하는 것이다. 내가 연주할 때는 잘 들어야 한다'겠죠. 자신이 경청해야 한다고 바꿔서 말하다니 정말 지혜로웠군요."

제번스가 말했다.

"뉴턴의 이야기를 해 볼까요. 모두 사과가 머리로 떨어지면 아프다는 것과 사과는 맛있다는 것을 알고 있습니다. 하지만 그 누구도 만류인력이라는 법칙을 발견하지 못했습니다. 왜냐하면 대부분 논리적 사유 능력이 부족해서 2차적인 해석과 연상을 할 수 없었기 때문입니다. 고대 사람들은 자신들이 생활하는 땅이 사각형이라고 생각했습니다. 하지만 태양은 동쪽에서 떠서 서쪽으로 졌고, 콜럼버스가 대서양을 횡단한 후에야 사람들은 지구가 둥글다고 인식했습니다. 이렇듯 논리적 사유는 반드시 길러야 하는 능력입니다."

모두 수긍하며 고개를 끄덕였다.

제번스가 웃으며 말했다.

"생활 속에서 나타나는 여러 가지 모습을 통해 그 본질을 인식하면 우리는 더욱 명확하고 지혜롭게 세상을 인지하고 정보 속에 담긴 위험을 발견할 수 있습니다."

정보 속에
숨겨진 위험

제번스의 말이 끝나자 모두 깊은 생각에 빠졌다. 정보 속에 담겨 있는 위험이라고?

"기차역에서 기차를 기다릴 때 자주 마주치던 카페의 직원이 있었어요."

제번스가 미소를 지으며 말했다.

"그 직원은 항상 친절하게 커피가 필요한지 물었습니다. 나는 정중하게 필요하지 않다고 대답했습니다. 얼마 뒤 예쁘장하게 생긴 직원으로 바뀌었습니다."

모두 예쁘다는 말에 피식 웃었다.

"그 직원도 항상 친절하게 '커피 드릴까요, 아니면 우유를 드릴까요?'라고 물었습니다. 그러면 나는 잠시 생각한 뒤 더 먹고 싶은 음료를 대답하곤 했지요. 그때 내 생활비는 항상 예산을 초과했습니다."

모두 크게 웃었다. 새로 온 직원은 수완이 정말 좋았다. 첫 번째 직원의 질문에 손님은 '필요'와 '불필요'의 항목 중에서 선택할 수 있고, 이런 경우라면 손님의 80%는 음료가 필요하지 않다고 말할 것이다. 두 번째 직원은 처음부터 '불필요'라는 선택 사항을 제시하지 않았고, 그렇다면 손님은 두 상품 중 더 원하는 것을 선택할 것이다.

정장을 차려입은 청년이 말했다.

"정말 좋은 방법이군요, 저는 판매원을 하는데 이런 전략이 도움이 될 것 같습니다!"

제번스가 말했다.

"사실 이윤은 협상을 통해 얻는 것입니다. 예를 들어 고객이 요구 사항을 제시하면 논리적인 사유를 통해 어떻게 대화를 전개할지 빠르게 구상해야 합니다. 고객이 할인을 요구할 때 거절하면 그 고객을 잃을 수도 있습니다."

정장을 입은 청년이 고개를 끄덕였다.

"맞습니다, 그렇다면 저는 어떻게 해야 할까요?"

제번스가 말했다.

"미소를 지으며 대답하세요. '할인은 가능합니다. 저에게 물건을 확실히 구매할 고객을 소개해 주시면 제 수수료에서 일부를 공제해 그만큼 할인해 드리겠습니다. 소개를 많이 해 주실수록 많이 깎아 드리겠습니다.' 그렇게 문제를 고객에게 넘기는 것이죠. 만약 고객을 소개하지 못한다면 할인해 줄 필요가 없습니다."

학생들은 모두 재밌어하며 웃었다. 먼저 웃음을 그친 남학생이 입을 열었다.

"선생님 말씀이 맞습니다. 제 여자 친구의 말속에 숨겨져 있는 뜻을 눈치채지 못하고 속마음을 이해하지 못해서 관계가 틀어지는 경우가 종종 있습니다. 무슨 좋은 방법은 없을까요?"

여학생들이 고개를 돌려 웃음소리를 줄이는 사이 남학생은 목을 길게 빼고 진지하게 답을 기다렸다.

제번스가 웃으며 말했다.

"여자들의 생각을 남자가 간파하기는 쉽지 않습니다. '천길 물속을 알아도 한 길 사람 속은 모른다'고도 하지요. 많은 사람들이 내게 도대체 여성이 원하는 것이 무엇인지 물어봅니다. 사실 나 역시 여성분들이 무슨 생각하는지 잘 알지 못합니다. 모든 사람들의 생각은 계속해서 바뀌고 게다가 여성은 감정적으로 사유하는 편이기 때문입니다."

"그렇다면 선생님도 방법이 없다는 말씀이신가요?"

남학생이 실망한 듯 물었다.

제번스가 자상한 웃음을 띠며 말했다.

"여성이 숨기고 있는 생각은 정말 위험할 수도 있습니다. 남성은 보통 이성적이고 종합적으로 사유하지만 여성은 감성적이고 작은 부분도 중시하며 사유하기 때문입니다. 즉 여성이 조금 더 감정적으로 사유합니다. 게다가 남성은 직선적으로 표현하지만 여성은 완곡하게 표현하는 경향이 있습니다. 남성이 여성의 사유 방식을 따라가지 못하는 것도 남녀가 말다툼을 하는 근원입니다. 하지만 상대방의 말과 말투에서 숨겨진 의미를 해석할 수는 있습니다."

많은 남학생들이 기다리지 못하겠다는 듯이 말했다.

"제번스 선생님, 어서 알려주세요. 여자들이 언제 위험한가요."

클레어는 입을 삐죽거렸다. 여성들의 마음을 얼마나 이해하기 쉬운데 그걸 모르는 남자들이 오히려 이해가 가지 않았다. 제번스가 입을 열었다.

"예를 들어 여자 친구와 말다툼을 했다고 가정해 봅시다. 여자 친구가 화가 난 말투로 말합니다. '화 안 났어!' 만약 여자 친구의 말을 믿고 달래주지 않는다면 멍청한 행동입니다."

남학생들이 모두 고개를 끄덕였다. 안경은 쓴 남학생이 말했다.

"그런 상황이라면 눈치를 챌 수 있을 것 같아요. 하지만 여자 친구가 침착하게 이야기한다면 화가 났는지 아닌지를 어떻게 알 수 있을까요?"

"말투로 알아챌 수 없어도 행동과 언어를 보면 되지요."

제번스가 말했다.

"행동을 예로 들어볼까요, 여자 친구는 데이트를 하고 싶지 않다고 말합니다. 하지만 여자 친구는 약속 시간에 맞춰 데이트 장소로 나오죠. 그건 여자 친구가 당신과 데이트를 하고 싶다는 것을 의미합니다, 또 여자 친구가 '내가 굳이 화낼 필요가 있겠어?'라고 말하면 열에 아홉은 화가 났을 겁니다."

남학생들은 골똘히 생각해 보았다. 제번스의 이야기에 일리가 있었다. 제번스가 익살스럽게 웃었다.

"여성의 심리 변화는 복잡하고 알기 힘듭니다. 때문에 남성들은 어디서부터 손을 써야 할지, 기회가 언제인지 몰랐다가 도중에 포기하기도 하고, 새로운 시도를 했다가 아무 성과도 내지 못하기도 합니다. 하지만 여러분의 논리적 사유 능력이 강하다면 좋은 결과를 얻을 수 있습니다."

모두 깊이 깨달은 바가 있는 듯이 웃었다. 제번스가 말했다.

"논리학과 매우 잘 어울리는 속담이 있습니다. '강의 수면이 거울처럼 평평한 것을 보지 말고, 수심이 깊은 것을 봐야 한다.' 이 말의 뜻은 문제를 볼 때 표상에 현혹되지 말고 현상을 통해 사물의 본질을 봐야 문제를 해결하거나 위험을 피할 수 있다는 뜻입니다."

학생들은 고개를 끄덕였고 제번스는 강연을 이어갔다.

"범죄조직에 붙잡힌 한 여성이 남편에게 아무 일도 일어나지 않은 척하며 전화했습니다. '내가 가장 좋아하는 빨간색 옷 드라이하는 것 잊지 말아요.' 남편은 아내의 말에 다른 뜻이 있다는 것을 알아챘습니다. 아내는 화려한 색의 옷, 특히 빨간색을 싫어했기 때문이었죠. 집에 빨간색 옷 같은 것은 있을 리가 없었어요. 남편은 아내에게 문제가 생겼다고 판단하고 경찰에 신고해 아내를 구출했습니다."

만약 남편이 논리적 사유 능력이 없었거나 아내의 말을 신경 쓰지 않았더라면 아내는 큰 위험에 빠졌을 것이다.

제번스는 모두의 마음을 읽은 듯 웃으며 말했다.

"빈틈없는 일 처리와 말 속에 숨겨진 의미를 파악하려는 노력은 아주 훌륭한 습관입니다. 논리적 사유가 얼마나 대단한지 아시겠나요? 숨겨진 정보 속의 위험을 이해하는 것은 매우 중요합니다."

치밀한 논리는
현명한 결정을 가져온다

제번스가 말했다.

"방금 제가 빈틈없는 일 처리는 좋은 습관이라고 여러분께 말씀드렸습니다. 논리학에서 치밀한 논리는 아주 좋은 예증입니다."

클레어가 물었다.

"제번스 선생님, 치밀한 논리란 일을 할 때 빈틈없이 완벽해야 한다는 것인가요?"

제번스가 미소로 답했다.

"빈틈없이 완벽하게 일을 처리하는 것은 정말 좋은 습관입니다. 깊이 생각하고 난 뒤에 행동으로 옮겨야 합니다. 내가 말하고자 하는 것이 이와 같은 이치입니다. 똑똑한 사람이라면 일을 하기 전에 그다음 한 단계 또는 두 단계 앞의 상황까지 고려할 것입니다. 그렇게 하면 이들은 다른 사람보다 더 많은 준비를 할 것이고, 문제에 직면했을 때 더 침착하게 대처할 수 있습니다."

한 남학생이 말했다.

"치밀한 논리라는 것은 타고나는 것인가요? 후천적으로 이런 능력을 향상시킬 수 있을까요?

제번스가 웃으며 말했다.

"물론이죠. 논리학 측면의 능력은 모두 성실한 노력과 행동으로 키워지는 것입니다. 즉 준비성이 철저한 치밀한 논리는 'WOOP 전략'이라고도 말합니다. 이런 전략을 갖고 있다면 주도면밀하게 상황을 고려할 수 있을 뿐 아니라 여러분의 심리적 동력도 강화해 실현 가능한 목표를 달성하는 데 도움을 줍니다."

학생들이 어리둥절해서 서로 바라봤다. 'WOOP 전략'이란 뭘까? 제번스는 뜸 들이지 않고 바로 이어서 말했다.

"WOOP이라는 것은 미국의 가브리엘레 외팅겐 교수가 개발한 것입니다. W는 Wish, 희망입니다. 강렬하게 갈망하는 것은 매우 중요한 것이죠. 예를 들어 자격증 시험을 준비하고 있는 학생이 '네 과목 중 적어도 세 과목은 통과해야 해!'라고 생각했다면 그런 희망은 매우 중요한 것입니다."

클레어는 고개를 끄덕였다. 강렬한 바람이 있다면 사람들은 두 배

이상 노력할 것이다. 그럼 O는 무슨 의미일까?

제번스가 계속 말했다.

"첫 번째 O는 Outcome을 의미합니다. 최고의 결과라는 뜻입니다. 이 부분에서 치밀한 논리는 여러분에게 목표가 달성된 후의 아름다운 상황을 최대한 상상할 것을 요구합니다. 물론 여러분이 이 상상 속에만 빠져서 스스로 헤어 나오지 못하게 하는 것이 아니라 현재의 상황과 비교해 보도록 하기 위해서입니다. 상상 속의 상황과 현재는 무엇이 다를까? 다른 사람들은 나를 어떻게 바라볼까? 그 일에 성공하고 나면 좋은 점은 무엇일까? 원하는 결말을 상상하면서 여러분은 행동력이 생기고 그다음 이어지는 노력의 과정에서 최선을 다하게 될 것입니다."

궁금함을 참지 못한 남학생이 질문했다.

"그럼 두 번째 O는 무엇입니까?"

제번스가 웃으며 답했다.

"두 번째 O는 Obstacle의 약자입니다. 주요 장애라는 뜻이죠. 일을 할 때 어떤 걸림돌을 맞게 될지 상상해야 합니다. 가장 큰 장애는 무엇일까? 그 장애가 생기는 원인은 무엇일까? 원인의 배후는 무엇일까? 이러한 것들을 깊이 추적하는 것 역시 여러분에게 큰 도움이 될 것입니다."

가장 앞줄에 앉아 있던 여학생은 잘 이해가 가지 않는 듯 손을 들었다. 그것을 본 제번스가 웃으며 고개를 끄덕였다.

"예를 들어 여러분이 시험을 준비할 때 가장 큰 걸림돌은 항상 시험 범위를 끝까지 공부하지 못하는 것입니다. 그 원인을 생각해 보면 학습 효율이 높지 않아 진도가 느린 것이죠. 그다음 여러분은 한 단계 더 나아가 상상과 연구를 해 볼 수 있습니다. 효율이 높지 않은 원인은 무엇일까? 좋은 학습 환경이 없기 때문입니다. 시험을 앞두고 있지만 매일 집에서 드라마만 보고 있는 자신을 발견합니다. 그래서 여러분은 도서관에 가서 시험을 준비하기로 결심하고 시험 범위를 모두 공부해서 시험에 순조롭게 통과합니다."

이해가 간 여학생은 고개를 끄덕였다.

제번스가 계속 말했다.

"만약 여러분이 치밀한 논리를 사용하지 못한다면 시험을 실패한 후에야 교훈을 얻게 될 수도 있습니다. 하지만 집에서의 학습 태도가 너무 안일한 것, 드라마의 영향을 많이 받는 것 등은 의식하지 못했을 수 있습니다. 여러분은 우연히 시험을 통과한 몇몇의 공부를 잘하는 친구의 부모가 대기업에 다니거나 부자인 것을 알게 된 후 이렇게 결론지을 수도 있습니다. '나는 저런 집 아이들과 가정환경이 다르잖아, 우리 부모님은 부자가 아니잖아, 나는 저런 유전자를 가지고 있지 않잖아.' 결국 자신의 실패한 원인이 무엇인지 인지하지 못하고 다음 시험에서도 똑같은 실수를 하게 됩니다."

클레어가 힘껏 고개를 끄덕인 후 물었다.

"그렇다면 마지막의 P는 무슨 의미인가요?"

제번스가 미소를 지으며 말했다.

"이 P는 모두 예상하셨겠지만 Plan의 약자입니다. 많은 분들이 계획을 세우는 습관을 가지고 있을 거라 생각합니다. 언제 어떤 일을 해야 하는지, 언제까지 지금 과제를 마무리해야 하는지. 좋은 습관입니다."

털털해 보이는 한 남학생이 말했다.

"선생님, 저는 하고 싶은 대로 하는 스타일인데요, 계획이라는 것은 어떻게 만드는 것인가요?"

제번스가 잠시 생각하더니 말했다.

"조금 전의 시험 준비에 관한 사례를 다시 이야기해 봅시다. 여러분이 두 번째 O의 단계를 실시할 때 자신의 주요 장애를 해결하는 방법이 도서관에 가서 공부하는 것이라는 것을 알게 됩니다. 하지만 평소에 야근이 잦고 복습할 시간이 없으며 도서관도 집에서 매우 멀다면 어떻게 할까요? 그때 계획을 세워 봅니다. 휴일이나 야근을 하지 않아도 될 때 잠을 더 자지 않고 지하철을 타고 도서관에 가서 복습을 합니다. 그렇다면 여러분의 계획은 주요 장애를 해결할 수 있을 것입니다."

한 남학생이 말했다.

"라이프니츠 선생님이 하신 말씀이 기억납니다. 라이프니츠 선생님은 지나친 낙관은 의지를 약하게 만들어서 목적 달성에 불리하다고 하셨습니다."

제번스가 빙그레 웃으며 말했다.

"훌륭합니다. 수업을 열심히 듣고 있군요. 하지만 라이프니츠 선생님은 '정도'가 있어야 한다고도 말씀하셨을 겁니다. 일을 할 때 WOOP의 순서대로 생각하되 너무 완벽하게 생각을 하려고 노력하지 않도록 합니다. 왜냐하면 종종 첫 번째 O까지 생각하다가 멈추는 경우가 있습니다. 왜냐하면 사람들은 아름다운 상황을 상상한 뒤에 장애를 생각하는 것을 원하지 않기 때문입니다. 만약 그 단계에서 멈췄다면 효과도 없고 행동력도 떨어지게 됩니다."

"그렇다면 어떻게 해야 할까요?"

"먼저 목표를 달성했을 때의 긍정적인 상상을 해 본 다음 맞닥뜨릴 수 있는 장애를 바로 생각합니다. 그러면 에너지도 낭비하지 않고 실행 가능한 목표로 가는 길에 빠르게 들어서게 됩니다. 이는 또한 단순하게 낙관적인 환상에만 빠져 우리들의 대뇌가 목표에 이미 달성한 것처럼 착각하지 않도록 합니다. WOOP 전략만 잘 활용한다면 치밀한 논리력을 소유하게 될 것입니다."

열심히 필기하는 학생들을 보며 제번스는 빙그레 웃었다.

"여러분, 오늘의 논리학 수업은 여기까지입니다. 여러분과 함께 수업해서 매우 즐거웠습니다."

　학생들은 친절한 논리학 선생님에게 뜨거운 박수로 작별의 인사를 나눴다.

10

오컴
'논리의
면도날 위를 걷다'

#오컴 #면도날_법칙 #단편적_사고 #경제성의_원리 #심플함
#습관의_약점 #시간+경험+암시

오컴 | 1285(?) ~ 1349

영국의 학자. 프란치스코 수도회에 들어갔으며 옥스퍼드대학교에서 수학하고
1315년부터 1319년까지 옥스퍼드에서 교편을 잡았다.

유명론의 선구자로서 근대철학의 아버지로 부른다. 방법론적 원리인 '오컴의 면
도날'로 유명하다. 토마스 아퀴나스가 주장했던 실재론에 반대하며 사람의 이성
으로 장악할 수 있는 개념은 존재하지 않으며 유일하게 실제로 존재하는 것은
개체이고, 개념은 인류의 이성이 개별적인 사물 간의 유사성을 파악한 것이라고
주장했다.

위험한
단편적 사고

클레어는 오전에 있었던 일로 내내 기분이 좋지 않았다.

사건의 전말은 이러했다. 클레어는 해외여행을 간 친구에게 특별히 부탁해 비싼 초콜릿을 샀다. 업무에 지칠 때마다 하나씩 꺼내먹으면서 충전할 생각이었는데 누군가가 초콜릿을 다 먹어치워 버린 것이다.

클레어는 분명히 벤이 먹었을 것이라고 생각했다. 사무실의 간식은 서랍 안에 넣어두지 않으면 벤이 허락도 받지 않고 마음대로 먹어 버린다.

강의실 한쪽에서 못다 삭힌 짜증을 내고 있는데 뒤에서 누군가 클레어를 톡톡 쳤다. 고개를 돌리니 논리학 수업을 소개시켜 준 후배였다.

"선배 왜 그래요? 기분이 별로 안 좋아 보이네요?"

"말도 마, 벤이 또 내 초콜릿을 다 먹어 버렸어. 해외여행 간 친구한테 특별히 부탁해서 사 온 건데, 정말 비싼 초콜릿이라고."

"설마요."

후배가 놀랐다.

"벤은 오전에 제 비스킷을 먹었는걸요, 벤이 초콜릿 먹는 것 봤어요?"

클레어가 씩씩거리며 말했다.

"직접 보진 않았지만 벤 아니면 누구겠어? 우리 로펌에 그런 문제 있는 사람은 벤 하나잖아."

그때 중세 복장 차림의 사람이 뒤쪽에서 걸어 들어와 클레어에게 말했다.

"학생, 방금 이야기 다 들었어요. 아무 증거도 없는데 마음대로 다른 사람을 의심하는 것은 별로 좋지 않아요. 단편적인 사고일 뿐이죠!"

화가 잔뜩 난 클레어는 마지못해 입을 뗐다.

"누구세요?"

그 사람은 빙그레 웃으며 입을 열었다.

"전 오늘 논리학 멘토로 온 오컴입니다."

클레어가 기운 빠진 목소리로 말했다.

"오컴 선생님, 잘 모르시겠지만 그 벤이라는 사람은 평소에도 다른 사람 음식을 마음대로 먹어요, 그게 왜 단편적인 사고예요. 그런데 단편적인 사고가 뭐예요?"

오컴이 웃으며 말했다.

"단편적인 사고란 본인에게 유리하게 생각하고 현실적으로 존재하는 사물을 넘어서는 것이죠. 포도밭의 여우라는 이야기를 알고 있지요?"

클레어가 갑작스러운 이야기에 끄덕이며 대답했다.

"들어봤어요."

오컴이 웃으며 말했다.

"여우가 포도 넝쿨 밑으로 걸어갔습니다. 포도를 따고 싶었지만 아무리 노력해도 딸 수가 없었어요. 그래서 여우는 포도를 보며 말합니다. '됐어, 저 포도는 아직 익지 않아서 맛이 없을 거야.' 여우는 포도를 손에 넣지 못하자 핑곗거리를 하나 만들어 자신을 조금이나마 위로한 겁니다. 사실 학생도 이와 같은 심리입니다. 초콜릿을 누가 가져갔는지 모르기 때문에 일방적으로 벤이 가져갔다고 판단했어요. 화를 분출할 대상을 찾은 것입니다."

클레어는 잠시 생각했다가 오컴의 말에 동의했다.

한 남학생이 클레어를 슬쩍 쳐다보더니 질문했다.

"선생님, 단편적 사고면 뭐 어때요? 화를 분출할 대상을 찾은 거고, 용의자도 확정한 것이잖아요."

오컴이 마지못해 말했다.

"여러분에게 이야기를 하나 해 줘야겠군요. 아주 오래전 코끼리를 본 적이 없는 사람들 얘기예요. 어느 날 외국에서 코끼리 한 마리를 선물로 보냈지요. 왕국의 사람들은 모두 코끼리를 보기 위해 소동을 피웠어요. 눈이 안 보이는 다섯 명도 코끼리가 도대체 어떻게 생긴 동물인지 너무 궁금했지요. 그래서 그들도 사람들 틈을 비집고 들어가서 두 손으로 코끼리를 만져보기 시작했습니다."

이 이야기를 들어봤던 학생들은 오컴의 뜻을 바로 알아차렸다. 오컴이 말했다.

"첫 번째 사람이 코끼리 쪽으로 다가가 손으로 코끼리의 배를 만져 본 후 '아, 코끼리는 벽처럼 생겼군.'이라고 말했습니다. 두 번째 사람도 앞으로 나가 코끼리의 귀를 만져 보고 말했습니다. '알겠다, 코끼리는 부채처럼 생겼네.' 세 번째 사람은 코끼리의 다리를 만졌습니다. '코끼리는 통같이 생긴 원기둥이구나.' 네 번째 사람도 앞으로 나가서 두 손으로 꼬리를 만져 보더니 말했습니다. '음, 코끼리는 뱀이랑 비슷하군.' 다섯 번째 사람은 코끼리의 코를 손으로 만졌습니다. '모두 틀렸잖아, 코끼리는 커다란 갈고리처럼 생겼어!'"

모두 웃음을 터뜨렸고 오컴이 계속 말했다.

"다섯 명은 각자 의견을 고집하며 양보하지 않았습니다. 그 누구도 코끼리 전체를 만져 보지 않았어요. 이 이야기를 전해 들은 한 현자가 제자들에게 말했습니다. '보아라, 이 다섯 명은 코끼리의 진짜 모습을 보지 못했다. 사람들은 코끼리를 만진 장님과 같아서 한쪽만 바라보고 편견에 빠진다. 따라서 세상사의 진면목을 통찰할 수 없다.'"

학생들과 클레어는 오컴의 말이 맞다고 생각했다. 오컴이 클레어를 보며 웃었다.

"사람이 사물을 판단하는 것은 풍부한 지식과 과거의 경험에서 비롯됩니다. 만약 누군가 단편적인 사고를 하는 오류를 범했다면 가장 큰 이유는 그와 관련된 지식에 정통하지 못해서이기 때문입니다. 따라서 생각에 국한성이 생기고 단편적인 경향을 보입니다. 특히 경험이 풍부할 때에는 자신의 경험을 더 믿고 지나친 자신감으로 극단적으로 판단할 수 있습니다."

클레어 참지 못하고 말했다.

"그렇다면 어떻게 해야 단편적인 사고를 멈출 수 있을까요?"

오컴이 미소를 지었다.

"실천이 우선이고 성장과 발전이 그다음입니다. 이것이 최고의 방법이죠. 사람들과 교류 과정에서 입장을 바꿔 생각해 보는 것입니다. 벤이 그런 좋지 않은 습관이 있다 하더라도 만약 그가 한 것이 아니라면 누명을 쓰는 것은 매우 고통스러운 일입니다. 여러 각도에서 생각해야 합니다. 모든 일에 생각과 판단의 여지를 남겨두고 너무 무모하게 행동하거나 급히 결론짓지 않도록 합니다. 모든 사람의 인생은 자신을 완벽하게 만들어 가는 과정입니다. 평소에 주의를 더 기울이면 단편적인 사고에 빠지지 않을 것입니다."

"말씀은 간단하지만 구체적인 행동으로 옮기려면 그렇게 쉽지 않겠죠?"

어느 남학생이 오컴에게 질문했다.

오컴이 웃으며 말했다.

"시도도 못 해 볼 정도로 복잡한 일이 어디 있겠습니까? 고민이나 걱정거리 중 열에 아홉은 스스로 만들어 낸 것일 뿐입니다. 이어서 여러분에게 나의 가장 유명한 이론인 면도날 법칙을 소개해 드리겠습니다."

면도날
법칙

"면도날 법칙? 조금 무서운데요."

한 여학생이 작은 목소리로 말했다.

오컴은 그 여학생을 향해 미소를 보였다.

"여러분, 나는 중세 마지막 시기의 학자 중 한 명으로 논리학에 기여한 부분이 있다고 인정받고 있습니다. 중세 영국에 살았던 나는 끝없는 '보편', '본질' 같은 주장이 지긋지긋했습니다. 그래서 책을 쓰고 세상 사람들에게 확실히 존재하는 것만 인정하겠다고 말했죠. 공허한 것들은 가차 없이 도려내야 한다고 생각했습니다. 그래서 저의 이론은 '면도날 법칙'이라고 불렸습니다."

경제학도가 갑자기 외쳤다.

"아! 생각났어요. 선생님의 '경제성의 원리'는 간단히 말하면 '필요 없다면 실체를 더 이상 늘리지 말라'라는 것이죠. 사람들은 선생님을 기념하기 위해 그 말을 '오컴의 면도날'이라고 부르기 시작했습니다!"

오컴이 미소를 지어 보였다.

"맞습니다. 나는 면도날을 꺼내 들고 수백 년간 논쟁이 이어졌던 신학을 모두 도려내서 과학과 철학을 종교로부터 분리시켰습니다. 또한 유럽에서 시작된 르네상스와 종교개혁도 유발시켰습니다. 과학 혁명은 결국 종교를 세속화했고 종교철학을 형성하면서 정치와 종교의 분리에 기여했습니다."

모두 박수를 쳤고 오컴은 계속 말했다.

"하지만 당시 사람들이 나의 이론을 '면도날 법칙'이라고 부른 이유는 실질적으로는 면도날처럼 그들을 위협했다고 느꼈기 때문입니다. 그래서 한때 교회에서는 나를 이단이라고 불렀습니다. 다행히 수백 년이 지나서 나의 면도날이 더욱 예리해진 것 같습니다."

단정하게 차려입은 청년이 일어났다.

"선생님의 '면도날 이론'은 경제와 논리학 분야에 큰 기여를 했을 뿐 아니라 복잡한 기업 경영에도 도전 의식을 불러왔습니다. 많은 것들이 유해하고 무익하다는 것을 알려주셨지요. 사실 우리들의 제도와 문서는 점점 더 팽창하고 복잡해지지만 효율은 떨어지고 있습니다. 그래서 저희들은 '오컴의 면도날'을 이용해 복잡한 것을 없애고 심플함을 추구하고 있습니다."

오컴이 미소를 지었다.

"내 이론이 도움이 된다니 영광입니다. 지금 말한 것처럼 우리는 왜 복잡한 것을 간단하게 만들려고 할까요? 논리학을 이용해 설명하자면, 복잡한 것은 더 쉽게 잃을 수 있기 때문입니다. 간단한 것이야말로 사람들이 이해하고 조작하기 쉽습니다. 사회와 경제가 발전하면서 사람들은 자신의 시간과 에너지가 줄어들고 있는 것을 발견했습니다. '면도날 이론'은 사람들이 일을 '중요한 일', '급한 일', '필요 없는 일'로 구분할 수 있도록 도와줍니다. 복잡한 것을 간단하게 만드는 것이야말로 일을 진정으로 컨트롤하는 것이죠."

청년이 고개를 끄덕였다.

"사실 심플한 경영은 성장을 꿈꾸고 있는 기업에게 의미가 큽니다. 하지만 선생님의 '면도날 법칙'을 지키는 것은 쉬운 일이 아닙니다. 최고의 기업가들은 모두 굉장히 진지하고 엄숙한 태도로 기업을 경영합니다."

청년은 잠시 멈추었다가 말을 이어갔다.

"최고의 기업가들은 모두 신중하게 기업을 경영합니다. 빌 게이츠는 '회사가 파산할 때까지 18개월 남았다'라는 생각을 가지고 경영했고, 중국 화웨이의 CEO 런정페이는 회사가 큰 이익을 실현할 때도 위기와 실패를 논한 '화웨이의 겨울'이라는 강연을 했습니다. 심플한 경영이라는 것은 전통적이면서도 참신한 논리적 사유로서 깊은 의미를 담고 있는 것 같습니다."

오컴이 웃으며 말했다.

"나도 생각해 보지 못한 것인데 '면도날 법칙'을 이렇게 상세하게 해석해 주었군요. 사실 논리학 분야에서 '면도날 논리'는 그저 더욱 경제적인 사유방식일 뿐입니다. 예를 들어 수학과 물리학 공식이 바로 '면도날 논리'가 구체적으로 나타난 형식입니다. 공식은 매우 경제적이고 실용적이며, 간단하고 기록하기 좋습니다. 또한 다양한 분야에 무수히 많이 적용될 수 있습니다. 간단한 것은 언제나 환영받습니다."

한 여학생이 말했다.

"선생님의 '면도날 법칙'이 그렇게 대단하다면 아예 핵심 몇 개만 남기고 나머지는 모두 버려도 되겠네요."

오컴이 고개를 저었다.

"그건 일률성이라는 문제를 유발합니다. 실천을 경험하지 않았다면 무엇이 핵심인지, 무엇이 급한지, 무엇이 전혀 필요하지 않은 것인지 알 수 있을까요?"

여학생이 목소리에 힘을 주었다.

"선생님께서 방금 간단할수록 좋다고 하지 않았나요? 선생님의

'면도날 법칙'이 백발백중이라면 왜 영원히 편해지지 않죠? 바로 제거해 버리면 더 좋은 것 아니에요?"

오컴은 여학생의 말에 화를 내지 않고 따뜻한 목소리로 말했다.

"날카로운 면도날은 조금이라도 신중하지 않으면 베일 수 있습니다. 하지만 면도날을 사용해야 하는 이유는 수염을 잘라야 하기 때문이지, 수염을 자를 때 살을 베지 않는다는 보장이 있기 때문이 아닙니다. 따라서 면도날을 사용할 때는 여러분의 기교와 수단이 중요합니다. 면도날은 그저 보조 수단일 뿐입니다."

여학생은 잠시 생각하더니 더 이상 반문하지 않고 앉았다.

오컴이 이어서 말했다.

"학생이 저에게 반문한 것은 일종의 습관인 것을 알고 있습니다. 다른 사람이 자신의 관점을 발표하면 학생은 습관적으로 그 사람을 반박하는 것 같군요. 그걸 탓할 생각은 없습니다."

여학생은 민망한 듯이 고개를 끄덕였다.

"맞습니다. 저도 모르는 사이에 갑자기 그런 태도가 나와요."

오컴이 따뜻하게 말했다.

"사람은 모두 저마다의 습관이 있습니다. 어떤 습관은 우리의 성장에 도움을 주지만 어떤 습관은 해가 됩니다. 좋아요, 이어서 여러분에게 습관이 우리의 약점이 될 때 어떻게 해야 하는지 이야기해 드리죠."

습관이
우리의 약점이 될 때

오컴이 말한 것처럼 사람들은 저마다의 작은 습관이 있다. 학생들은 행여나 중요한 내용을 놓칠까 봐 귀를 쫑긋 세웠다.

오컴이 웃으며 말했다.

"행동이 습관이 되면 그 행위는 무의식중에서 진행됩니다. 좋은 습관이든 나쁜 습관이든 모두 여러분의 생활에 영향을 줍니다. 좋지 않은 행동이 습관이 되고 그것을 극복하기 어려울 때는 어떻게 해야 할까요? 이것은 많은 사람들이 고민하는 문제입니다. 습관이 중독 수준이 되면 그것을 조절하거나 바꾸는 문제는 시급해집니다."

모두 '중독'이라는 단어를 듣고 조금 놀랐다. 습관이 무의식적으로 발현되고 자신의 약점이 되면 중독과 별 차이가 없다. 마약에 빠졌던 사람이 마약을 끊을 때는 죽을 것 같은 고통을 느끼며 힘들어해야 회복할 수 있다. 습관을 끊는 것이 새로운 습관을 기르는 것보다 어렵다. 오컴이 잠시 멈췄다가 미소를 지었다.

"여러분, 습관을 어떻게 기르는지 아세요?"

"시간이 지나면 습관이 길러져요."

"특정한 행동을 많이 하면 습관이 돼요."

오컴이 웃으며 결론지었다.

"맞습니다. 시간은 습관의 촉매제이고, 반복의 횟수는 습관을 키우는 추진제 역할을 합니다. 하지만 이성은 습관을 바꿀 수 있는 비장의 무기입니다!"

확실히 자제력은 습관을 극복하는 최고의 방법이다. 제어하기 어려운 상태에 도달했다는 것은 습관이 나의 주인이 되어 내게 장애물이 되었다는 것을 의미한다.

오컴이 말했다.

"여러분, 습관을 고치는 것은 사실 어렵지 않습니다. 여러분이 말한 것처럼 시간과 노력을 들이고 요행을 바라지 않는다면 말입니다. 논리학에서 요행 심리는 실패의 전조입니다."

클레어가 손을 들어 질문했다.

"구체적으로 말씀해 주시겠어요? 전 자제력이 약하다고 느끼고 있고 친구들도 그렇게 말하곤 해요."

오컴이 웃었다.

"도움이 되는 다른 일들을 해 보세요. 다른 일이 주도적인 위치를 차지하고 있을 때 습관이 무의식적으로 나올 기회를 잃게 됩니다. 만약 자제력이 충분하다면 습관을 잘 고치겠지요. 하지만 자제력이 강하지 않다면 습관을 바꾸길 원한다 하더라도 불가능합니다."

클레어가 자기도 모르게 한숨을 쉬었다.

"휴, 습관은 왜 이리 바꾸기 어려운 거죠?"

오컴도 어쩔 수 없다는 듯이 말했다.

"왜냐하면 습관은 우리의 잠재의식에 깊게 뿌리박고 있기 때문입니다. 현의식에만 의존해서는 습관을 바꿀 수 없습니다. 현의식은 우리가 경각심을 갖고 있을 때만 효과가 나타납니다. 하지만 우리는 하루 종일 경각심을 유지할 수 없습니다. 그렇게 한다면 우리의 몸이 견딜 수 없겠죠. 현의식顯意識, conscious mind, 자각하고 언어로 표현할 수 있는 사유은 경계 근무병과 같아서 고도로 긴장할 때는 습관이 섣불리 나오지 못합니다. 그래서 습관은 경계 근무병이 쉴 때를 조용히 노립니다. 잠재의식은 휴식이 필요하지 않기 때문입니다."

클레어는 더 절망했다.

"그렇다면 저의 습관은 영원히 바꿀 수 없는 것인가요? 마음대로 의심하는 습관 때문에 곤란할 때가 많아요."

"당연히 아니죠."

오컴이 긍정적으로 말했다.

"니콜라이 오스트롭스키가 한 말이 있습니다. '사람이 습관을 지배해야지 습관이 사람을 지배해서는 안 된다. 나쁜 습관을 버리지 못하는 이는 가치가 없는 사람이다.' 비록 정이 없어 보이지만 일리가 있는 말입니다. 습관을 버리는 것이 불가능한 것은 아닙니다."

클레어는 펜을 들고 오컴의 선생님의 가르침을 받아 적을 준비를 했다.

오컴이 웃으며 말했다.

"모든 일은 시작이 어려울 뿐입니다. 고치기 어렵다는 습관도 마찬가지입니다. 로켓이 지구에서 벗어날 때 지구 중심의 인력을 벗어나는 것이 가장 어렵습니다. 가장 많은 에너지를 소모해야 하죠. '나쁜 습관'을 고치기로 결심했고, 초반의 장애를 극복한다면 모든 문제는 자연스럽게 해결될 것입니다."

클레어가 질문했다.

"선생님의 말씀은, 처음 시작할 때 최선을 다하고 지속적으로 노력하면 습관을 고칠 수 있다는 말씀이신가요?"

오컴이 고개를 끄덕였다.

"맞습니다. 비록 처음엔 어렵지만 계속 그렇게 어려운 것은 아닙니다. 여러분에게 '좋은 습관'이 생기면 모든 것이 변화하고 자연스레 좋은 습관을 유지하면서 나쁜 습관은 사라질 것입니다."

치마를 입은 여학생이 말했다.

"나쁜 습관을 고친 경험이 있습니다. 작은 일이라도 성공할 수 있는 일부터 시작하고, 성공할 때마다 스스로를 칭찬했습니다. 그렇게 조금씩 성취감이 쌓이면서 좋은 습관을 만들고 나쁜 습관을 버리는 것이 쉬워졌어요."

오컴이 말했다.

"나쁜 습관을 고치는 과정에서 다시 그 행동을 하려 할 때 스스로에게 나쁜 습관을 지속하면 어떤 결과를 초래하는지 암시해야 합니다. 즉 스스로에게 실수를 용인할 핑계를 주어서는 안 됩니다."

클레어가 말했다.

"선생님, 습관을 고치려 할 때 방해를 받으면 어떻게 해야 하나요?"

오컴이 빙그레 웃었다.

"먼저 실패한 원인을 분석하고 그다음 행동을 시작해야 합니다. 기억하세요, 시간, 횟수, 이성은 여러분이 습관을 극복할 수 있는 비결입니다. 오비디우스는 '습관의 힘보다 강한 것은 없다'라고 말했습니다. 습관은 사상과 행위의 선도자이기 때문입니다. 인생은 좋은 습관과 나쁜 습관의 줄다리기나 마찬가지입니다. 남보다 뛰어난 사람이 되고 싶다면 습관이 당신의 미래를 결정한다는 것을 명심해야 합니다. 여러분 모두 이성적으로 문제를 대하면 인생이 더 아름다워질 것입니다!"

오컴은 학생들의 박수를 받으며 천천히 강단에서 내려왔다.

뷔리당
'심오한
논리의 역설'

#뷔리당 #역설 #추론학 #정언명제 #양상명제 #삼단논법
#당나귀 #자연의_역설 #역설_현상 #역발상 #게임적_사고

뷔리당 | 1295 ~ 1358

프랑스 철학자. 1328년과 1340년 두 차례 파리대학 학장을 지냈다. 과학 문제
에 광범위한 호기심을 가지고 아리스토텔레스의 물리학과 천문학 저서에 주해
를 남겼다. 뷔리당의 논리학 저서로는《변론술 대전》과《추론》등이 있다.

뷔리당의
당나귀

오늘은 어떤 논리학 선생님이 오실까?

클레어가 기대감에 두리번거리는 그때, 갑자기 당나귀 소리가 들려왔다. 클레어는 놀라지 않을 수가 없었다. 당나귀를 끌고 건초를 품에 안은 사람이 강단으로 올라섰기 때문이다. 강연을 하실 분인가, 아니면……?

클레어 옆에 있던 남학생도 눈앞에 벌어진 광경에 멍해졌다. 그가 물었다.

"혹시 뷔리당…… 선생님이신가요?"

강단에 올라선 남성은 빙그레 웃었다.

"나를 알아보다니 기쁘군요. 맞습니다. 내가 바로 뷔리당입니다."

남학생이 말했다.

"당나귀를 끌고 다니는 선생님은 한 분뿐인 것 같습니다. 오늘 '뷔리당의 당나귀'에 대해 이야기해 주실 것인가요?"

뷔리당이 겸연쩍게 웃었다.

"와, 학생 정말 똑똑하군요. 맞습니다. 오늘 여러분과 이야기할 논리학 내용은 당나귀와 관련이 있습니다."

클레어는 놀라서 마른기침이 튀어나왔다. 당나귀가 논리학이랑 무슨 상관이지?

뷔리당이 건초 두 뭉치를 내려놓자마자 말했다.

"여러분, 보세요! 이 당나귀는 이성적인 당나귀입니다. 내가 가져온 두 덩이의 건초는 완전히 같습니다! 이제 저의 당나귀는 굶어 죽을 것입니다! 왜냐하면 당나귀는 어떤 건초를 먹어야 할지 결정할 수 없거든요."

"정말이야?"

학생들이 설마 했지만 눈앞의 당나귀는 정말 건초를 먹지 않았다. 한 남학생이 의심 가득한 목소리로 물었다.

"선생님, 혹시 이곳에 오기 전에 당나귀가 배부르게 먹은 것은 아닐까요?"

뷔리당의 얼굴이 순간 붉어졌다.

"말도 안 되는 소리, 과학을 믿어야 합니다! 이것은 내 이름이 붙은 유명한 역설입니다. 결정을 쉽사리 하지 못하고 망설이는 현상을 '뷔리당의 당나귀 효과'라고 합니다! 이 당나귀는 결국 굶어 죽게 됩니다. 그 이유는 좌우 양옆의 건초를 모두 포기하고 싶지 않아서이죠."

뷔리당이 이어서 말했다.

"우리는 무엇인가 결정해야 하는 상황을 수도 없이 만나게 됩니다. 어떤 선택을 하느냐는 인생의 성패에 매우 중요한 영향을 미칩니다. 그렇기 때문에 사람들은 최고의 결과를 얻기를 바랍니다. 선택을 하기 전에 반복해서 고민하고 이해득실을 따지는 것은 매우 필요한 일이죠. 그러나 우유부단하고 결정을 하지 못한다면 큰 후회를 남기게 됩니다. 기회는 점점 멀어져 가고 충분히 생각할 시간을 주지 않습니다. 대부분의 경우 제때에, 빠르게 결정하길 요구합니다. 만약 여러분이 '뷔리당의 당나귀 효과'를 무시한다면 아무것도 얻지 못할 것입니다."

한 남학생이 말했다.

"제가 알고 있는 《요재지이》聊齋志異, 중국 청나라 초기 나온 괴이 소설 중 '늑대와 목동' 이야기와 같네요. 목동 두 명이 깊은 산에 들어갔다가 늑대 굴 안에 새끼 늑대 두 마리가 있는 것을 발견했어요. 목동들은 새끼 늑대를 한 마리씩 안고 각각 커다란 나무 위로 올라갔지요. 두 나무 사이의 거리는 열 보 정도 되었어요. 조금 후에 늑대가 새끼 늑대를 찾으러 왔어요. 목동 한 명이 새끼 늑대의 귀를 움켜쥐자 새끼 늑대는 괴로워서 울부짖었어요. 늑대가 다급하게 나무 아래로 달려와서 나무를 긁으며 울었지요. 그때 또 다른 나무의 목동이 새끼 늑대의 다리를 움켜잡았더니 그 새끼 늑대도 구슬프게 울었어요. 늑대는 그 소리를 듣고 두 나무 사이를 분주히 뛰었지만 결국 지쳐 죽고 말았어요."

뷔리당이 고개를 저었다.

"휴, 가련한 동물이군요. 그 늑대가 지쳐서 죽은 것은 '뷔리당의 당나귀'의 실수를 저질렀기 때문입니다. 늑대는 두 새끼 늑대를 모두 구출하고 싶었겠죠. 만약 늑대가 나무 하나를 사수했다면 적어도 한 마리는 구출할 수 있었을 것입니다. 슬프게도 늑대는 실질적으로, 그리고 형식적으로 '뷔리당의 당나귀' 효과의 형성 과정을 완전하게 재현했군요."

한 남학생이 안경을 밀어 올리며 말했다.

"당나귀와 늑대 중 누가 더 멍청한지 따질 필요는 없다고 생각합니다. 사실 멍청한 것을 따지자면, 사람이 당나귀와 늑대보다 더 멍청할 때가 있습니다. 판단을 제때에 내리지 못해서 승리할 수 있는 기회를 놓치면 결국 패배하고 말 겁니다."

"맞습니다. 적시에 판단을 내리지 못하면 불리한 환경에서 사태를 전환할 수 없겠죠."

뷔리당이 말했다.

"눈앞의 기회를 잘 잡아야 승리할 가능성이 있는 것입니다. 원래의 자리에서 너무 높은 목표만 바라보며 두 가지 이익을 잡으려는 것보다 최선을 다해 눈앞의 가장 중요한 일을 하는 것이 좋습니다."

클레어가 말했다.

"한 이야기를 들었습니다. 어떤 사람이 쥐를 잡기 위해 쥐를 잘 잡는 고양이를 들였습니다. 하지만 그 고양이는 단점이 있었는데 닭을 물어뜯는다는 것이었습니다. 결국 집안의 쥐는 모두 없어졌지만 닭들이 죽고 몇 마리 남지 않았습니다. 그 집의 아들은 닭을 물어뜯는 고양이를 쫓아내고 싶었지만 아버지가 말했습니다. '쥐가 음식물을 훔치고 옷과 가구도 물어서 망가트리는 등 손해가 크다. 닭은 없으면 그만이니 그것이 낫다.' 그 사람은 무엇이 이익이고 무엇이 손해인지 아주 잘 가늠하는 사람이었던 것 같습니다."

뷔리당이 웃으며 말했다.

"이익과 손해는 동전의 양면과 같아서 분리하기 어렵습니다. 어떤 사람들은 무엇이 더 중요한 일인지 구분하고 최고의 결정을 내릴 수 있습니다. 하지만 어떤 사람들은 눈앞의 득실만 따지고 무엇이 더 중요하고 급한지 구분하지 못해 결국엔 좋지 않은 결과를 초래하기도 합니다. 따라서 '뷔리당의 당나귀'를 이해하는 것은 매우 유용한 일입니다."

생활 속 역설,
논리로 극복할 수 있다

뷔리당의 말이 끝나자마자 한 남학생이 손을 들었다.

"고양이가 닭을 물어뜯는다는 이야기에 궁금한 점이 하나 생각났습니다. 닭은 달걀을 낳고, 달걀은 또 닭으로 자라납니다. 그렇다면 닭이 먼저일까요, 달걀이 먼저일까요? 만약 닭이 먼저라면 닭은 어디서 왔나요? 만약 달걀이 먼저라면 달걀은 과연 어디에서 온 것일까요?"

질문을 받은 뷔리당은 잠시 생각하더니 곧 대답했다.

"그것은 자연의 역설입니다. 답을 제시하기가 곤란합니다. 그 누구도 답을 말할 수 없을 것입니다. 원래 그런 것이죠. 모든 것에 답이 있는 것은 아닙니다. 답이 없다는 것이 답입니다. 사실 논리학자로서 가장 괴로운 일은 생활 속에서 나타나는 역설 현상입니다."

의아해진 클레어가 고개를 갸웃거리다가 잠시 생각해 보고는 말했다.

"우리의 생활 속에서 역설 현상이 많나요? 저는 왜 한 번도 느끼지 못했을까요."

뷔리당이 장난스럽게 웃었다.

"예를 들어 대학입학 시험제도가 있습니다. 이 제도들을 이행할 때 불공평한 일이 많이 일어납니다. 또한 적지 않은 사회적인 부작용도 존재합니다. 하지만 그 제도를 없애면 공평함과 공정성을 구현할 수 없습니다. 어떻게 사회에 유용한 인재를 선발하는가에 대해서 누구도 최적의 답안을 내놓지 못합니다."

뷔리당이 이어서 말했다.

"또 사회 관리 측면을 예로 들어볼까요. 어느 정도의 사회적 질서를 보장하려면 사회 관리 규칙과 부처가 있어야 합니다. 하지만 규칙을 제정하고 그 규칙을 관리하는 부처를 조직하는 일은 사람이 합니다. 이것은 사람의 이익과 관련이 없을 수가 없습니다. 공정성과 공평성이 의심을 받게 되는 것이죠. 하지만 사회를 관리하지 않으면 안 된다는 것은 누구도 부인할 수 없는 사실입니다. 이러한 사회적 역설 현상을 어떻게 해결하는가는 논리학과 현실에서 최고의 답안이 없습니다."

잠시 생각에 빠졌던 학생들은 오컴의 결론에 동의한 듯했다. 한 여학생이 말했다.

"재미있는 일화를 알고 있어요. 제자가 스승에게 물었어요. '사람들에게 이상한 점이 있다면 무엇일까요?' 스승이 말했습니다. '사람들은 성장하기에 급급한데, 성장한 후에는 어린 시절을 잃었다고 슬퍼한다. 그들은 건강을 바쳐 부를 쌓고, 얼마 후에는 또다시 그동안 쌓은 부를 지불하며 건강을 회복한다. 미래에 대해 초조해 하면서도 현재의 행복은 무시한다. 따라서 많은 사람들이 현재에도 살지 않고 미래에도 살지 않게 된다. 그들은 살아 있을 때 죽지 않을 것 같지만 죽음이 닥치면 산 것 같지가 않다.'"

뷔리당과 학생들은 한숨을 내쉬었다.

"정말 일리 있는 이야기이군요! 그것이 바로 전형적인 역설입니다. 이 이야기를 통해 한 가지 알 수 있는 것이 있습니다. 인생은 곳곳에 역설이 존재한다는 것입니다. 얽히고 얽힌 소용돌이를 빠져나갈 수 있는 사람은 없습니다. 또한 인생을 끝까지 파헤칠 수 있는 이론도 없지요."

손에 염주를 맨 남성이 말했다.

"철학이든 종교든 삶의 의미를 탐구해 왔습니다. 삶의 의미를 알고자 했던 그들은 삶을 해석하기 위해 부단히 노력해 왔습니다. 하지만 인생을 쉽게 해탈할 수 있을까요? '고통스럽지만 즐겁다.' 비록

이 말 역시 삶의 역설을 이야기하지만요.”

뷔리당이 말했다.

“사람은 가끔 이상 속에서 살고, 현실 속에서 살기도 합니다. 사람들은 현실에서 꿈을 좇지만 꿈속에서도 현실을 벗어나지 못합니다. 하지만 시처럼 아름다운 이 말은 논리학에서는 역시 역설입니다. 물욕이 횡행하는 오늘날, 현재를 소중히 해야 삶에 떳떳해질 수 있습니다. 많은 철학과 종교는 사람들이 어떻게 살아갈지, 어떻게 더 잘살아갈지를 인도하고자 하는데 이는 오히려 사람들의 마음을 더 속박합니다.”

클레어가 바로 대답했다.

“우리의 인생에서 사실 ‘모 아니면 도’인 경우는 그렇게 많지 않아요. 예절과 법규, 도덕의 테두리를 벗어나지만 않는다면 좋은 것이 좋은 것이지요. 누가 자신의 삶을 명확하게 구분하고 말할 수 있을까요?”

흰색 셔츠를 입은 남학생이 말했다.

“사람의 일생은 삶, 죽음, 명예, 부로 응결되었다고 말할 수 있을 것 같습니다. 인생이란 태어나서 죽을 때까지의 과정이고 중간의 모든 것은 부와 명예를 위해서입니다. 부와 명예를 얻기 위해 사람들은 고통의 대가를 치르고 있습니다. 이치는 간단합니다. ‘행복하게 살면 된다.’ 하지만 부와 명예가 없다면 행복하다고 이야기할 수 있을까요? 부와 명예가 가장 현실적이기 때문입니다. 인생은 스스로 계획하기가 쉽지 않습니다. 대부분의 경우 사회의 커다란 물결과 흐름 속에서 이쪽으로 흘러갔다 저쪽으로 흘러가곤 합니다. 원하지 않은 일이라도 벗어나지 못하는 상황도 있습니다."

다른 남학생이 반박했다.

"옛사람들은 소탈하게 풍류를 즐기며 세상에 초연했습니다. 이 역시 삶을 대하는 태도입니다."

흰색 셔츠를 입은 학생이 고개를 흔들었다.

"옛사람들의 소탈함을 현대인의 기준으로 본다면 그 역시 고통스러운 일입니다. 청빈함만으로 얼마나 많은 사람들이 삶을 견딜 수 있을까요? 이야기 속의 그들에게도 고통이 있었습니다. 그들의 고통은 세상 사람들이 고민을 하지 않는다는 것이었습니다. 따라서 고통과 소탈함이 함께 있었다고 말할 수 있죠."

뷔리당이 웃었다.

"여러분의 말이 모두 맞습니다. 그것 역시 삶의 역설입니다. 이런 역설은 피할 수가 없고 직접 대면해야 합니다. 사람이 살아가면서 속세에 발을 딛고 일어서야 하지만 완전히 세속적으로 살아서도 안 됩니다. 꿈과 이상향이 있어야 하지만 헛된 꿈을 꾸어서는 안 됩니다. 논리학의 각도로 보면 공자가 이상적인 모습이었습니다. 공자는 사회의 모든 것에 익숙했고 난세에서도 뚜렷한 의식을 유지하며 자신의 이상과 사업을 추구했습니다. 사람은 너무 세속적으로 살아도 안 되고 너무 비관적으로 살아도 안 됩니다. 너무 초연하면 고통스럽습니다. 공자처럼 세속적인 삶을 살면서도 초연하게 자유분방한 태도를 유지하는 자세가 가장 좋습니다."

"역설에 의해 충격을 받았을 때 역발상을 해 보는 것도 좋습니다. 역발상은 사고방식을 바꿔 주고 또 다른 각도에서 문제를 바라보도록 도와줍니다."

반대로 생각하는
역발상

"역발상은 독창적 사고라고 말할 수 있습니다. 그것은 일상생활에서 익숙한 일을 상반된 방향으로 생각해서 새로운 해결 방식을 얻는 방법입니다."

뷔리당이 궁금해하는 학생들을 바라보며 설명했다.

"'반대로 생각해 보기'를 과감히 시도한다면 상반된 입장에서 문제의 발전 방향을 바라보고 탐색해 보면서 새로운 생각을 도출할 수 있습니다."

학자 분위기를 풍기는 한 남성이 말했다.

"모두 고정된 방향으로 문제를 생각할 때 독자적으로 반대 방향으로 생각하는 사유 방식을 역발상이라고 말합니다. 사람들은 습관적으로 사물의 발전 방향을 따라 문제를 생각하고 그 방향을 토대로 해결법을 찾습니다. 결론부터 시작해 역방향으로 추리해나간다면 어쩌면 문제가 더 간단할 수도 있습니다."

뷔리당이 웃으며 말했다.

"생활 속에서 역발상을 통해 성공한 사례가 많습니다. 한 예를 들어드리죠. 어느 옷가게의 사장이 고급 원피스를 다리다가 구멍을 내는 바람에 원피스의 가치가 떨어졌습니다. 그 원피스의 옷감은 보완할 수 없는 소재였고 그냥 모르는 척 내버려 둔다면 고객을 속이는 것이므로 문제가 더 커집니다. 그때 사장은 기발한 생각을 해냈습니다. 원피스에 더 많은 구멍을 내고 장식을 붙여서 '공작 스커트'라고 이름을 붙였습니다."

한 여성이 놀란 듯이 뷔리당의 말을 끊었다.

"공작 스커트가 그렇게 만들어진 것이었군요! 뒤꿈치 없는 양말처럼 기발한 아이디어였네요!"

뷔리당은 여학생의 실례를 탓하지 않고 빙그레 웃었다.

"그렇습니다, 공작 스커트의 판매량이 늘어나자 옷가게는 많은 돈을 벌게 되었죠. 뒤꿈치 없는 양말에 대해서는 들어본 적이 없는데, 관련된 일화가 있나요?"

여학생이 수줍어하며 말했다.

"뒤꿈치 부분은 잘 헤지잖아요, 양말의 뒤꿈치 부분이 구멍 나면 양말 한 쌍을 버려야 해요. 그래서 어느 상인이 역발상을 통해 뒤꿈치 없는 양말을 만들었어요."

뷔리당이 손뼉을 치며 웃었다.

"아주 재미있는 사례이군요. 역발상은 사람을 더 젊어지게 하는 것 같아요. 생각해 보세요, 내년의 여러분은 올해보다 한 살 더 많아집니다. 그러므로 올해의 여러분은 내년보다 한 살 어립니다. 노인들에게 이러한 역발상은 더 젊은 마인드를 유지할 수 있도록 할 겁니다. 젊은이들에게는 시간을 소중히 하고 더 노력하게 만들죠."

뷔리당이 계속 말했다.

"심오한 논리학 지식을 내포하고 있는 이야기를 여러분께 소개해 드릴까 합니다. 두 아들이 있는 어머니가 있었습니다. 큰아들은 염색공장을 운영했고 작은아들은 우산을 팔았습니다. 모두 그런대로 잘 살았지만 어머니는 하루 종일 인상을 찌푸리고 있었습니다. 그래서 한 이웃이 어머니에게 물어봤습니다. '왜 매일 그렇게 기분이 좋지 않은가요?' 어머니가 대답했습니다. '비가 오면 큰아들의 염색한 천이 마르지 않고, 날이 맑으면 작은아들의 우산이 잘 팔리지 않잖아요.' 울지도 웃을 수도 없는 어머니의 상황에 이웃이 말했습니다. '반대로 생각해 보세요. 날이 맑으면 큰아들의 천이 잘 마를 것이고, 비가 온다면 작은아들의 우산이 잘 팔리잖아요. 얼마나 좋아요!' 그렇게 어머니는 역발상을 통해 다시 활기를 되찾았고 매일 즐겁게 생활했습니다."

이야기의 의미를 이해한 학생들은 미소를 보였다. 역발상은 정말 효과가 좋다.

뷔리당이 계속 말했다.

"발명을 할 때도 역발상이 필요합니다. 전통적인 쇄빙선은 자체적인 중량으로 얼음을 부쉈습니다. 따라서 선수를 더욱 튼튼하고 단단한 소재로 만들어야 했고 이로 인해 선수는 점점 더 무거워져서 방향 전환이 쉽지 않았습니다. 그래서 기존의 쇄빙선은 옆에서부터 흘러오는 유빙을 대처하기가 쉽지 않았습니다. 옛 소련의 과학자들은 역발상의 방식을 활용해 쇄빙선이 물 아래로 잠수한 다음 부력에 의존해 얼음을 깨는 방식을 고안했습니다."

많은 학생들이 깜짝 놀라고 탄복했다.

뷔리당이 웃으며 말했다.

"새롭게 발명한 쇄빙선은 매우 유연하고 훌륭하게 설계되어 소재를 절약했을 뿐 아니라 아주 큰 동력을 필요로 하지 않고 안전성도 제고되었습니다. 두툼한 얼음층을 만날 때마다 쇄빙선은 돌고래처럼 위아래로 떠올랐다가 다시 물속으로 들어갔고 쇄빙 효과도 매우 뛰어났습니다. 이 신형 쇄빙선은 '20세기 최고의 쇄빙선'으로 불렸습니다."

한 남학생이 고개를 끄덕였다.

"역발상은 생각지도 못한 수많은 기적을 만들어 냅니다. 이어서 여러분에게 역발상의 세 가지 유형을 소개해 드리겠습니다. 이 세 유형은 여러분에게 큰 도움이 될 것입니다. 우선 반전형 역발상 방법입니다. 이 방법은 이미 알고 있는 사물에 대해 상반된 방향에서 생각하는 것입니다."

뷔리당이 이어서 말했다.

"두 번째는 전환형 역발상입니다. 즉 어떤 문제를 연구할 때 해결 방안에 지장이 생기면 다른 방안으로 전환합니다. 커다란 물독에 빠져 허우적거리는 아이가 있었습니다. 모두 밧줄과 사다리를 가져와 아이를 구하려고 허둥댔지만 쉽지 않았어요. 그때 한 아이가 돌로 물독을 깨뜨려 단번에 허우적거리는 아이를 구했지요. 이는 전환형 역발상의 대표적인 예입니다."

뷔리당이 조금 소리를 높여 이야기를 계속했다.

"세 번째는 결점 역발상입니다. 사물의 결점을 이용가치가 높은 장점으로 바꾸는 사유 방법입니다. 이런 방법은 불리한 조건을 유리한 조건으로, 손해를 이익으로 바꿀 수 있습니다. 예를 들어 금속의 부식은 나쁜 성질입니다. 하지만 과학자들은 그 특징을 이용해 금속 분말을 생산했습니다. 이것이 바로 결점 역발상을 활용한 것입니다."

뷔리당이 말했다.

클레어는 자신도 모르게 감동해서 말했다.

"논리학에서 역발상은 정말 대단하네요."

뷔리당이 웃으며 말했다.

"그렇습니다. 하지만 대단한 것은 역발상뿐만이 아닙니다. 게임적 사고라는 것도 있습니다."

대결에 꼭 필요한
게임적 사고

"게임적 사고라고요?"

한 여학생이 재차 물었다.

뷔리당이 미소를 지으며 답했다.

"맞습니다. 여러분, 바둑을 좋아하시나요? 바둑을 둘 때 이기고 싶나요? 만약 그렇다면 바둑을 두는 과정에서 어떻게 해야 이길 수 있는지 고민에 빠지게 될 것입니다. 여러분이 골똘히 생각하는 과정에는 '게임이론'이 포함되어 있습니다. 즉 매번 바둑을 둘 때마다 머릿속에서는 상대방과의 많은 수를 생각하게 됩니다. 여러분은 '내가 이 수를 두면 상대방이 어떻게 대응할까?', '이 방법이 나에게 유리할까?' 등을 생각하게 될 것입니다. 여러분은 두뇌를 빠르게 회전시키며 모든 가능성을 염두에 두고 최고의 방법을 선택할 것입니다."

여학생이 고개를 끄덕였다. 뷔리당이 이어서 말했다.

"게임적 사고는 결정을 하기 전에 자신의 행위가 다른 사람에게 미치는 영향을 고려하는 것입니다. 또한 다른 사람의 행동이 자신에게 미치는 영향을 생각하고 그에 걸맞은 조치를 취하는 것입니다. 게임적 사고의 전제 중 하나는 바로 절대 이성의 가설입니다. 즉 여러분과 여러분의 상대는 매우 똑똑한 사람입니다. 똑똑한 사람과 바보가 게임을 할 필요성이 없으니까요."

클레어 옆에 있던 여학생이 양미간을 찌푸리며 질문했다.

"이해하기 쉽도록 예를 들어주실 수 있나요? 조금 이해가 가지 않아요……."

"물론입니다."

뷔리당이 웃으며 말했다.

"논리학에서 게임이론은 매우 중요한 지식입니다. 게임이론에 매우 유명한 사례가 있습니다. 바로 '죄수의 딜레마'이죠. 두 죄수의 이야기입니다. 죄수 A와 B가 범죄를 저지르고 경찰에게 잡혔습니다. 두 사람은 정보를 교환할 수 없도록 한 사람씩 취조실에서 각각 심문을 받았습니다. 경찰이 두 사람에게 말했습니다. '당신의 동료를 고발하면, 무죄로 석방될 것이고, 포상금까지 받을 것이다. 그 대신 당신의 동료는 최고로 무거운 형벌과 벌금을 받을 것이다. 만약 당신들 모두가 솔직하게 말한다면 두 사람은 모두 가장 무거운 형벌을 받을 것이다.' 죄수 A와 B는 자수할지 아니면 계속 침묵할지 결정해야 합니다. 이렇게 죄수의 게임이 시작됩니다."

뷔리당이 흥미롭게 말했다.

"두 죄수가 침묵한다면 모두 석방될 것입니다. 경찰은 그들의 죄를 확정할 수 없기 때문입니다. 표면적으로 보면 두 사람은 침묵해야 합니다. 그러나 죄수의 목표는 최대한 자신의 손실과 고통을 줄이는 것입니다. 그래서 두 사람은 이렇게 생각합니다. '동료가 나를 배신할지 아닐지 전혀 알 수 없다. 자신을 보호하기 위해 나에게 불리한 행동을 할 것이다. 만약 배신했는데 내가 침묵한다면 동료는 포상금도 받고 무죄로 석방될 것이다. 만약 우리 모두 상대방을 배신한다면 기껏해야 함께 수감되는 것이다.'"

학생들이 고민해 보니 뷔리당의 말이 맞았다. 죄수들은 상대방이 나를 배신하지 않으리라는 것을 보장받지 못한다면, 먼저 배신하는 것이 좋을 것이라고 생각할 것이다. 두 사람이 함께 수감되더라도 혼자 수감되는 것보다는 나을 것이라고 생각할 수 있다.

뷔리당이 말했다.

"게임이론은 처음엔 수학적 방법을 활용해 이해 충돌이 있는 쌍방이 경쟁 관계에 있을 때 상대방을 이길 수 있는 최고의 전략을 연구하는 것이었습니다. 게임이론은 옛날부터 지금까지 전쟁 등 분야에서 큰 역할을 했습니다."

클레어가 입을 열었다.

"바둑을 둘 때 세 수를 내다봐야 한다는 것도 게임적 사고이죠?"

뷔리당이 고개를 끄덕였다.

"맞습니다. 게임적 사고는 비교적 파악하기 어려운 사유법입니다. 복잡하고 다양한 이론이 있을 뿐 아니라 행동의 일회성이라는 특징이 있기 때문입니다. 전략을 결정하기 전에 사유 주체는 나타날 수 있는 모든 상황을 예측하는 통찰력을 기반으로 최고의 방안을 시행해야 합니다. 이어서 여러분에게 게임적 사고의 기본 절차를 알려드리겠습니다."

뷔리당이 목소리를 가다듬고 말했다.

"먼저 문제를 진단하고 목표를 확정해야 합니다. 이것은 실제 조작에 앞선 전제입니다. 의사가 환자를 진료할 때 병인을 확정하고 약을 처방하는 것과 같습니다. 만약 문제가 무엇인지 모르고 자신의 목표가 무엇인지 모른다면 모든 사고와 행동은 맹목적입니다."

뷔리당이 강조하듯 손가락을 펴며 말했다.

"두 번째는 가능한 예비 방안을 모두 탐색하고 예정하는 것입니다. 목표가 명확해지고 나면 목표를 실현하기 위해 다양한 방안을 찾아야 합니다. 모든 가능한 방안은 마지막 전략이 될 가능성이 있기 때문입니다. 마지막으로 다양한 예비 방안 중에서 가장 적합한 방안을 찾아내는 것입니다."

뷔리당이 말했다.

"일상생활에서도 게임적 사고를 자주 활용할 수 있습니다. 특히 중대한 일을 결정하기 전에 장단점을 비교하고 장기적인 미래에 착안해 포기와 선택하는 법을 배워야 합니다."

클레어가 말했다.

"일종의 심리전이네요. 포커 게임에서 고수가 입문자에게 당하는 것처럼요. 상대방이 예상대로 카드를 내놓지 않으면 애써서 세운 계략이 큰 효과를 거두지 못하지요."

"맞습니다. 게임 방법은 심리적 분석을 필요로 합니다."

뷔리당이 웃으며 말했다.

"게임에 참여하는 쌍방에게 승리의 요소는 상대방에 대한 분석과 예측입니다. 상대방의 실력도 중요하지만 쌍방이 과거 대결하던 상황에 따라 상대방의 현재 심리를 추측해 보는 것이 더 중요합니다."

뷔리당이 생각에 빠진 학생들을 보며 웃으며 말했다.

"좋아요, 여러분, 수업은 여기까지입니다. 여러분과 또 수업할 기회가 있으면 좋겠군요!"

뷔리당과 그의 당나귀에게 학생들은 뜨거운 작별의 박수를 보냈다.

체르멜로
'속임수를 무너뜨리는 논리학'

#체르멜로 #속임수 #사례_에버그네일 #논리적_사유_능력
#의지_감정_주의

체르멜로 | 1871 - 1953

독일의 수학자이다. 공리집합론의 주요 창시자 중 한 명이다. 체르멜로는 집합
론 기초 분야에서 큰 공을 세웠다. 그가 1904년 발표한 논문은 G. 칸토어의 정렬
정리 문제를 해결했을 뿐 아니라 선택공리(체르멜로 공리)를 제시해 수백 가지
등가 형식으로 모든 수학적 가지에 응용하면서 독립적인 연구 영역이 되었다.
체르멜로는 물리, 수학적 응용에 흥미가 많았으며, 변분법, 기체운동학 등 분야
를 연구했다.

속임수는
논리학과 관계가 있을까?

논리학 수업을 하기 전, 클레어가 강의실 근처 식당에서 밥을 먹고 있는데 한 노인이 복권을 들고 그녀에게 다가왔다. 노인이 클레어에게 말했다.

"아가씨, 이 복권이 당첨된 것인지 좀 봐 주겠소?"

클레어가 복권을 살펴보니, 세상에, 노인은 1등에 당첨됐다!

클레어가 급히 말했다.

"할아버지, 당첨되셨어요! 천만 위안^약 17^{억 원}이에요!"

노인이 고개를 저었다.

"난 그런 것 모른다오. 복권을 아가씨에게 오천 위안^약 85^{만 원}에 팔지."

이렇게 큰 금액에 당첨된 복권을 클레어는 가질 수 없었다.

"안 돼요. 천만 위안이나 되는데, 제가 받을 수 없어요."

노인은 주장을 굽히지 않았다.

"그러면 오백, 오백 위안에 팔겠소."

노인의 태도에 클레어는 이상한 생각이 들었다. 클레어는 끝까지 노인의 제안을 거절했다. 그러나 옆자리에 있던 남성은 오백 위안에 노인의 복권을 샀다. 얼마 지나지 않아 남성이 씩씩거리며 돌아왔다.

"그 노인네 어디 있어? 이 복권은 가짜야! 나한테 사기 친 거라고!"

클레어는 그 광경을 지켜보다가 수업 시간이 다가오자 강의실로 갔다.

작은 얼굴에 안경을 쓴 선생님이 강단에 이미 서 계셨다.

클레어는 사과하는 뜻으로 고개를 숙였고 선생님은 관대한 미소를 지어 보였다.

"안녕하세요. 저는 체르멜로입니다. 학생이 왜 늦었는지 알고 있어요. 사기극이 발생한 것을 보았지요?"

클레어는 놀랐다.

"어떻게 아셨어요?"

체르멜로가 재미있다는 듯이 웃었다.

"사실 저도 그 식당에 있었습니다. 게다가 이번 수업은 속임수와 관련된 내용입니다."

한 남학생이 궁금한 듯이 물었다.

"논리학 내용을 다뤄 주시는 것 아닌가요? 그것이 속임수와 무슨 관계가 있죠?"

체르멜로가 웃으며 말했다.

"많은 분들이 속임수는 사기인 것 같은데, 사기는 범죄학에 속하는 것 아닌지, 왜 논리학에서 논하는지 궁금해할 수 있습니다. 사기는 논리학 범주에 속할까요? 답은 예스입니다. 머리를 잘 쓴다면 사기당할 일이 있겠어요?"

모두 웃으며 동의의 뜻을 내비쳤다. 체르멜로가 이어서 말했다.

"요즘 같은 시대에 사기를 당하지 않는 것은 어려운 일입니다. 하지만 불가능한 것도 아니죠. 여러분이 더 똑똑해지고 사기꾼과 멀어질 방법이 있습니다. 속고 싶지 않다면 먼저 속임수를 식별하는 법을 배워야 합니다."

한 여성이 급하게 물었다.

"어서 가르쳐 주세요! 저는 이런저런 속임수에 너무 자주 당해요."

"너무 서두르지 말고 천천히 이야기해 봅시다."

체르멜로가 웃으며 말했다.

"정확한 설명을 위해 먼저 '속임수'의 경계를 한정하겠습니다. 속은 사람이 납치나 위협 등 협박을 당하지 않은 경우, 속은 사람이 다른 과실이 없을 경우입니다."

체르멜로가 계속 말했다.

"피해자의 대다수는 사회에 막 발을 디딘 젊은이와 노인들이 차지합니다. 사기를 피하는 방법은 간단합니다. 우선 탐욕과 경솔함을 버리고 상대방의 정보 출처를 검증하면 됩니다. 왜 그런가 하면, 거의 모든 사기극은 탐욕, 호색, 신분위조 때문에 발생하기 때문입니다."

"예를 들어주실 수 있나요?"

방금 자주 속는다는 여학생이 제안했다.

체르멜로가 웃으며 말했다.

"탐욕을 예로 들어볼까요. 어느 날 한 사기꾼이 저에게 이런 말을 한 적이 있습니다. 아주 부유한 친구가 있는데 지금은 감옥에 갇혀 있다고 하더군요. 여러 가지 이유로 그 친구는 신분을 노출할 수 없고 그와 관련 없는 사람이 그 친구의 보석을 신청해야 한다는 겁니다. 그 친구는 감옥에서 돈을 받을 수 없으니 제가 대신 돈을 내고 보석을 신청하면 감옥에서 나온 후에 보수를 준다는 것이지요. 이러한 '선불 사기'는 아주 자주 볼 수 있습니다. 여러분도 '당첨 사기'를 자주 접하지요?"

클레어가 고개를 끄덕였다. 클레어도 경품에 당첨되었다는 휴대

전화 메시지를 심심치 않게 받았다.

체르멜로가 말했다.

"사실 여러분의 논리적 사유 능력이 강하다면 '선불 사기'를 간단하게 판별할 수 있습니다. 상대방이 여러분과 충분한 신용을 쌓지 못했는데 상대방이 여러분에게 돈을 원하면 사기라고 생각할 수 있습니다. 호색과 관련된 사기는 더 많습니다."

체르멜로가 웃었다.

"호색과 관련된 사기는 사실 비교적 단순합니다. 외모가 출중한 이성을 만나면 이성적으로 판단하려는 능력이 약해지기 때문입니다. 어떤 사기꾼은 피해자와 애매한 관계를 유지하거나 연애를 합니다. 피해자가 외모에 홀려서 판단력이 흐려지면 각종 핑계를 대며 돈을 빌려 달라고 하다가 결국엔 소리도 없이 사라집니다. 결국 피해자는 사람과 돈을 모두 잃게 되는 것이지요."

한 남학생이 그렇지 않다는 듯이 말했다.

"모두 연애를 하면 판단력이 흐려진다고 이야기하는데 누군가 돈을 원하면 경계를 하게 되지 않나요? 피해자는 정말로 논리적 사유를 전혀 하지 못하는 사람인가 보네요."

체르멜로가 엄숙하게 고개를 저었다.

"그런 것이 아닙니다. 이러한 사기극은 사실 굉장히 잔혹한 것이죠. 피해자는 보통 사회적으로 인정을 받지 못하지만 사랑에 환상을 품고 있습니다. 그들이 빼앗아 간 것은 재산뿐 아니라 피해자의 사회에 대한 신뢰입니다. 이런 사기극을 식별하는 방법은 상대방의 사회적 신분을 정확하게 알고 상대방이 자신을 좋아하게 된 이유를 명확히 알아야 한다는 것입니다. 물론 여러분은 자신의 수준을 객관적으로 인식해야 합니다."

"신분 위조에 관한 사기를 당한 적이 있습니다."

한 여학생이 화가 난 표정으로 말했다.

"어머니의 고등학교 동창이 교육부 공무원이라고 사칭했어요. 그 사람은 제가 좋은 대학교에 입학할 수 있도록 도와준다며 그 명목으로 금품을 탈취했어요."

체르멜로가 웃으며 말했다.

"신분위조와 관련된 사기는 앞의 두 가지보다 복잡합니다. 상대방으로 하여금 신분을 믿도록 하려면 적지 않은 노력이 필요합니다. 피해자의 정, 동정심, 호기심 등을 이용하면 적지 않은 수익을 얻을 수 있습니다. 사실 이런 사기는 쉽게 알려지지 않습니다. 여기저기 여러 번 알아봐야 들통이 납니다. 학생의 경우라면 교육부를 직접 찾아가서 알아봐야 진위를 파악할 수 있었을 겁니다."

"그렇다면 발각될 확률이 아주 낮은 사기극도 있나요?"

한 남학생이 손을 들어 물었다.

"물론 있습니다. 여러분, '피라미드 사기'라고 들어본 적 있나요?

그것은 전형적으로 아랫돌을 빼서 윗돌을 괴는 방식입니다."

체르멜로가 웃으며 말했다.

"이런 사기를 운영하는 방법은 이미 투자를 한 투자자들에게 지불해야 할 이윤을 그다음 투자자의 돈으로 지불하는 것입니다. 이런 방식은 모든 것이 무너질 때까지 이어집니다. 앞선 투자자 중에는 확실히 수익을 얻었기 때문에 사기라고 믿지 못하는 사람도 있습니다."

남학생이 고개를 끄덕였다.

"정말 지략이 높은 사기군요. 그런 사기를 판별할 수 있는 방법은 무엇인가요?"

체르멜로가 빙그레 웃었다.

"자신이 '내부 정보'를 쉽게 얻을 수 있다고 생각하지 마세요. '내부 정보'는 쉽게 얻을 수 있는 것이 아닙니다. 또한 제품의 수익 창출 방식을 잘 이해하지 못하면서 맹목적으로 투자해서는 안 됩니다."

시간이 흐를수록
재미없는 신분위조 놀이

"사기꾼이 왜 이리 많은 걸까요, 정말 짜증 나요."

한 여학생이 혐오스럽다는 듯이 이야기했다.

한 남학생이 진지하게 말했다.

"당연히 이익을 위해서지요. 생각해 보세요, 사기꾼은 본전을 들이지 않고 큰돈을 빨리 쉽게 벌 수 있어요. 또 엄청난 만족감과 우월감도 느낄 수 있고요."

여학생이 불쾌한 듯이 말했다.

"사기꾼이 만족감에 우월감까지 느낀다고요? 너무 엽기적이네요."

체르멜로가 말했다.

"아니요, 남학생이 한 말이 맞습니다. 사실 사기꾼은 처음 사기 행각을 저지를 때 긴장과 공포감에 사로잡히지만 나중에는 점점 스릴 있다고 느끼면서 심리적 만족감까지 얻습니다. 하지만 시간이 지나면 사기꾼은 무료하고 공허하다고 느끼게 되죠. 여러분 레오나르도 디카프리오가 출연한 〈캐치 미 이프 유 캔〉이라는 영화를 보셨죠?"

"물론이죠."

모두 이구동성으로 대답했다.

체르멜로가 웃으며 말했다.

"영화에서 레오나르도 디카프리오는 자신을 여러 신분으로 사칭합니다. 이는 실존 인물 프랭크 에버그네일Frank William Abagnale을 영화화한 것이었죠. 에버그네일은 뉴욕의 한 문구점 사장의 아들이었어요. 어머니는 프랑스인이었죠. 1965년 겨우 열여섯 살 때 부모님이 이혼하자 에버그네일은 가출을 단행합니다. 가출한 그는 뉴욕의 한 여관에서 승무원 몇 명을 알게 되죠. 그때부터 그는 조종사가 되기로 결심합니다. 하지만 그는 시간을 소모해가며 비행 수업을 듣고 싶지 않았어요. 결국 에버그네일은 제복을 입고 증명서를 위조하면서 '조종사'의 삶이 살아가기 시작합니다."

모두 자신의 열여섯 살 시절을 생각해 보았다. 그때는 대부분 만화를 보거나 숙제를 하면서 시간을 보내고 있을 때였다.

체르멜로가 계속 말했다.

"얼마 후 에버그네일은 팬아메리칸 월드항공의 조종사라고 사칭하며 50개 주 20여 개국을 돌아다닙니다. 만약 비행기의 승객 중 조종사를 사칭하는 사람이 비행기를 조종하고 있다는 사실을 알았더라면 아마 놀라서 기절했을지도 모릅니다! 에버그네일은 그 후 진짜인 척하면 사람들은 거의 모든 일을 믿는다는 사실을 깨달았습니다. 그래서 그는 점점 더 과감해졌죠. 나중에는 의대 증명서를 위조해서 자신이 한 병원의 야간 당직의라고 소개합니다. 그다음에는 루이지애나주의 대법원 배석판사로도 변신했습니다."

"너무 잘 살았는데요?"

한 여학생이 개탄했다.

체르멜로는 고개를 저었다.

"다른 사람을 속이면서 얻는 대가는 그 어느 누구에게도 자신의 진상을 밝히지 못한다는 것입니다. 에버그네일은 사기꾼의 생활은 굉장히 외로웠다고 밝히기도 했습니다. 왜냐하면 그 누구에게도 마음속 진심을 말할 수 없기 때문이요. 한번은 에버그네일이 너무 외로운 나머지 여자 친구에게 자신의 실제 신분을 밝힌 적이 있었습니다. 하지만 여자 친구는 바로 경찰에 신고했고 그는 멀리 도망가는 수밖에 없었습니다."

클레어는 그 기사를 본 적이 있다. 에버그네일은 인터뷰할 때 그때의 인연에 대해 언급한 적이 있었다.

"난 수없이 많은 사람들을 알고 지냈지만 오직 그녀에게만 진심을 말했다. 하지만 그녀는 나를 배반했다. 여전히 어렸던 당시의 난 이런 생각을 할 수밖에 없었다. '봐라, 이것이 바로 진심을 말했을 때 찾아오는 비극이다! 그 어느 누구에게도 진실을 말해서는 안 된다. 만약 의사, 변호사, 조종사가 아니라면 그들은 나에게 눈길 한 번 주지 않을 것이다!' 그때 이후로 난 누구도 믿지 않았다."

체르멜로가 말했다.

"대부분의 사기꾼들은 지능이 매우 높습니다. 하지만 시간이 길어질수록 똑똑한 사람도 수준 낮은 실수를 하기 마련이죠. 당시 에버그네일은 다양한 루트를 통해 위조수표를 만들어 250만 달러가 넘는 현금을 마련했습니다. 이 때문에 그는 FBI의 일급 지명수배범이 되었죠. 또한 FBI 유사 이래 가장 젊은 일급 지명수배범이기도 했습니다. 하지만 법망은 점점 그를 조여 왔고 스물한 살의 에버그네일은 결국 잡히고 맙니다. 재미있는 점은 현실에서의 에버그네일이 체포되는 과정은 영화와 완전히 달랐다는 것입니다."

한 여학생이 흥미롭게 말했다.

"체르멜로 선생님, 어서 이야기해 주세요. 실제는 어땠나요?"

체르멜로가 웃으며 말했다.

"실제로는 이렇습니다. 당시 에버그네일은 뉴욕에 숨어 있었습니다. 하루는 패스트푸드점에서 핫도그를 먹던 사설 탐정이 우연히 식당 밖의 누군가가 그들이 추격하고 있던 에버그네일과 매우 닮았다는 것을 발견했습니다. 하지만 정말 그가 에버그네일인지는 확인하기 어려웠죠. 탐정은 기지를 발휘해 그를 향해 힘껏 소리 질렀습니다. '이봐, 프랭크!' 누군가 자신을 부르는 것을 들은 에버그네일은 자신도 모르게 고개를 돌렸고 그렇게 속임수에 걸려든 것이죠. 그는 스스로도 이렇게 저급한 속임수에 걸려들 것이라고 상상하지 못했습니다. 그는 스스로 조소하며 말했습니다. '이건 아무리 똑똑한 사람이라도 저급한 실수를 저지른다는 것을 증명한 것이다.' 에버그네일은 논리적 사유 능력이 매우 강했지만 FBI 조사팀 역시 뒤떨어지지 않았죠."

체르멜로가 말했다.

"당시 FBI는 수년 동안 에버그네일의 행적을 추적했고 그가 아직 성인이 아니라는 사실을 발견하고는 깜짝 놀랐습니다. 결국 에버그네일은 FBI에 의해 체포되고 FBI는 그를 몬트리올 경찰국에 넘겼죠. 짧은 심문 끝에 에버그네일은 범행을 인정했지만 그의 범죄 행위에 관한 구체적인 정보를 밝히는 것은 거절했습니다. 그래도 그는 사기 등 여러 항목의 죄명으로 고소되었고 악명 높은 감옥에 갇히고 맙니다."

한 여학생이 말했다.

"와, 정말 안타깝네요. 그렇게 똑똑하고 젊은데 감옥에 가게 되었다니 말이에요. 그렇게 될 줄 알았더라면 애초에 왜 사기꾼이 된 걸까요?"

체르멜로가 말했다.

"꼭 그런 것도 아닙니다. 5년간의 수감생활을 한 에버그네일은 스물여섯 살에 가석방됩니다. 그 후 에버그네일은 취직을 합니다. 하지만 가는 직장마다 자신의 전과 때문에 해고되었어요. 시간이 흐르면서 에버그네일은 점점 우울해졌어요. 자신의 재능을 알고 있었기 때문에 자신을 어필할 수 있는 방법을 찾아야 했습니다. 놀랍게도 그를 체포한 사람이 그에게 두 번째 기회를 줬습니다. 미국 연방조사국은 범죄자들을 더 잘 잡기 위해 그의 경험과 지식을 활용했습니다. 자신의 능력으로 속죄한 셈이죠."

클레어가 고개를 끄덕였다. 로펌에 있을 때 에버그네일이 위조수표를 포함해 세계에서 가장 권위적인 문서조작 연구가였으며 책도 여러 권 출간한 사람이라는 것을 알고 있었다. 그는 또한 세계 각지의 기업의 보안 수표도 설계했다.

체르멜로가 웃으며 말했다.

"물론 에버그네일과 같은 사람은 지극히 소수입니다. 대부분의 사기꾼은 계략이 미흡하고 여러 번 바꾸지 않습니다. 따라서 사기를 당하지 않도록 논리적 사유 능력을 강화하는 것이 매우 중요합니다."

사기꾼의 천적,
논리적 사유

"속지 않을 수 있는 논리적 사유 능력이요? 어서 알려주세요. 제가 얼마 전에 사기당했거든요!"

한 여학생이 화가 난 표정으로 말했다.

체르멜로가 웃으며 말했다.

"진정하세요. 먼저 여러분에게 이야기를 하나 해 드리겠습니다. 로버츠라는 부인이 전화를 받았더니 상대방이 담담한 목소리로 상금에 당첨되었다고 말하며 로버츠에게 계좌를 알려달라고 했습니다. 로버츠 부인은 바로 사기꾼인 것을 알아챘지만 푼돈이 들어있는 사용하지 않는 계좌가 있던 것이 생각나 상대방에게 알려줬습니다. 상대방이 어떤 게임을 하려는지 보고 싶었던 것이죠."

남학생이 말했다.

"상대방이 사기를 벌이려는 것을 알았으니 속지 않았겠죠?"

체르멜로가 묘하게 웃었다.

"로버츠 부인이 계좌를 사기꾼에게 알려준 후 상대방이 다시 한번 전화를 걸어 로버츠 부인에게 계좌의 잔액을 확인하라고 말했습니다. 로버츠 부인이 확인해 보니, 오십만 위안^약 8,500^{만 원}이 입금되어 있었습니다. 결국 로버츠 부인은 전화를 건 사람을 완전히 믿게 되었죠. 그러나 얼마 지나지 않아 세 번째 전화가 왔습니다. 상대방은 로버츠 부인에게 계좌에 상금이 입금된 것이 확인되었으니 20%에 달하는 세금을 납부할 것을 요구했습니다. 로버츠 부인은 즉시 전화를 건 사람의 계좌로 세금을 이체했습니다. 집에 돌아온 후 그는 당첨 소식을 남편에게 말했습니다. 하지만 로버츠 부인의 남편은 사기를 당한 것 같은 생각이 들었죠."

체르멜로가 안타까운 표정으로 말을 이었다.

"로버츠 부인은 믿을 수가 없었어요. 돈이 계좌에 있는데 무슨 사기를 당했다는 것인지 이해가 가지 않았지요. 남편은 상금이 현금으로 입금된 것인지 수표로 입금된 것인지 알아보았습니다. 알고 보니 상금은 수표로 입금되었던 것입니다. 수표로 입금할 경우 잔액으로는 입금된 금액을 확인할 수 있지만 하루가 지나야 인출할 수 있습니다. 로버츠 부인이 은행에 가서 알아보니 입금 취소가 되어 인출이 불가능했습니다."

"이런 속임수는 정말 막으려 해도 막을 수가 없군요!"

클레어가 자기도 모르게 개탄했다.

체르멜로가 웃으며 말했다.

"사기는 불법적인 점유를 목적으로 허위사실이나 진상을 은폐하는 방법으로 재물을 편취하는 행위입니다. 이런 행위는 폭력을 사용하지 않고 심지어 '유쾌'한 분위기 속에서 진행됩니다. 따라서 피해자의 논리적 사유 능력이 약하면 쉽게 속게 됩니다. 그렇다면 사기를 어떻게 피할 수 있을까요? 여러분에게 구체적으로 소개해 드리겠습니다."

"우선 속지 않겠다는 의지가 필요합니다. 물론 남을 경계한다고 해서 누구나 경계를 해야 하는 것도 아니고 사람들에게 팍팍하게 굴어야 한다는 것도 아닙니다. 단지 그런 마음가짐을 가지고 있어야 한다는 것입니다. 누구든, 특히 낯선 사람을 쉽게 믿거나 무작정 따라서는 안 됩니다. 상대방이 듣기 좋은 말을 했다거나 약속을 했다고 쉽게 믿지 않도록 합니다. 면밀한 조사와 생각을 통해 정확한 대응을 해야 합니다."

체르멜로가 말했다.

"두 번째는 감정적으로 일을 처리해서는 안 됩니다. 대부분의 사기극에서 피해자는 상대방이 자신의 '지인', '고향 친구' 등이라며 사기 행각을 벌입니다. 사기꾼들의 최종 목적은 돈을 편취하고 짧은 시간 안에 달아나는 것이라는 것을 알아야 합니다. 따라서 새로 사귄 '곤경에 빠진 사람'이 금전적인 요구를 한다면 감정에 휩싸여 이성을 잃어서는 안 됩니다."

한 남학생이 말했다.

"'듣고, 관찰하고, 판별하라'를 배워야 하는군요. 즉 '그의 말을 듣고, 그의 의중을 헤아리고, 그의 행동을 판별하라'는 것이네요. 이성적인 태도와 사고로 문제를 분석해야겠어요. 가장 좋은 것은 상식적으로 반응해야 하는 것이군요. 예를 들어 상대방의 금전적 요구가 비현실적이거나 상식선을 벗어나면 있어서는 안 되는 손실을 막기 위해 경찰에 신고를 해야 합니다."

"그다음은 '재능이 있는 사람'을 주의해야 합니다."

체르멜로가 계속 말했다.

"적극적으로 자신의 '능력'이나 '수완'을 자랑하는 사람, 또는 지나치게 열정적으로 당신의 어려운 상황을 도와주려는 사람을 특별히 주의해야 합니다. 조금 전 말한 것처럼 자신이 능력이 있다고 자랑하는 사기꾼은 대부분 자신의 '수완'을 적극적으로 자랑하며 어떤 성취를 얻는지 자랑합니다. 이런 사람을 만날 때면 특히 주의해야 합니다. 왜냐하면 그는 사기꾼일 가능성이 높고 당신의 신임을 얻으려는 것이기 때문입니다. 이때 당신의 반응에 따라 사기꾼은 당신을 속일지 결정합니다."

방금 말한 '재능 있는 사람'에게 돈을 사기당한 여학생이 힘껏 고개를 끄덕였다.

"정말 큰 가르침을 얻었어요."

체르멜로가 웃고는 이어서 말했다.

"마지막으로, 작은 이익을 탐내지 않도록 합니다. 갑자기 굴러 들어온 '횡재'나 '좋은 것', 특히 낯선 사람이 당신에게 한 약속이나 유혹은 깊게 생각하고 알아봐야 합니다. 세상에 공짜는 없습니다. 그리고 어느 곳곳에나 함정이 있습니다. 작은 이익을 탐하는 심리를 이겨내면 갑자기 생겨난 '횡재'를 아주 좋아하지는 않을 것입니다. 그런 '횡재'나 '좋은 것'을 예비하기 위해서는 심사숙고한 다음 행동해야 합니다."

체르멜로가 강조했다.

"종합하면 사기꾼의 사기 과정은 두 단계로 나눌 수 있습니다. 하나는 신뢰를 얻는 것, 또 하나는 재물을 편취하는 것입니다. 사기꾼과 피해자에게 첫 번째 단계가 가장 중요한 단계입니다. 또한 사기 행위가 가장 잘 두드러지는 단계입니다. 비록 사기 수단은 다양하지만 여러분이 논리적 사유 능력을 바탕으로 사기를 예방하려는 의지를 가지고 유혹을 물리친다면 속임수에 당하는 것을 피할 수 있을 것입니다."

체르멜로 선생님이 유쾌하고 웃었다.

"좋아요, 오늘의 수업은 여기까지입니다. 여러분이 앞으로 사기꾼에게 당하지 않기를 바랍니다. 정신을 잘 차리면 오늘의 수업이 유용할 것입니다. 안녕히 계세요!"

학생들이 하나둘 일어나서 박수를 치며 귀여운 논리학자와 인사를 나눴다.

13

밀
'논리, 언어와
대인관계 소통'

#밀 #대인관계 #소통_능력 #교류_능력 #소통의_논리학_측면
#설득 #궤변

존 스튜어트 밀 | 1806 ~ 1873

19세기 영국의 저명한 철학자, 경제학자, 논리학자, 정치이론가이다. 서양 근대
자유주의의 중요한 대표적 인물 중 한 명이다. 영국 빅토리아 시대 밀은 뚜렷한
자유주의 입장과 자유주의 학설에 대한 명확한 해석으로 '자유주의의 성인(聖
人)'이라고 불렸다.

밀은 자유주의 발전사에서 중요한 인물로 거론된다. 그는 자유주의에 완벽하고
전면적인 이론 형식을 부여했으며, 심리학, 인식론, 역사관, 윤리관 등의 각도에
서 당시 이미 황금 시기에 이른 자유주의에 철학적 기초를 제공했다. 그의 부친
인 제임스 밀은 제레미 벤담의 철학적 급진파의 핵심인물이다.

대인관계 소통을
개선하는 비결

클레어는 체르멜로의 논리학 수업을 듣게 된 이후로 낯선 사람이 다가와 말을 걸기만 하면 자기도 모르게 경계를 하게 됐다. 클레어 스스로도 자신이 전보다 경각심이 높아졌다고 느꼈다. 오늘은 어떤 선생님이 훌륭한 강연을 해 주실까?

한창 생각에 빠져 있을 때 흰 머리가 희끗희끗한 엄숙한 표정의 노인이 강단으로 올라섰다. 살짝 떨리는 몸짓에 학생들은 걱정이 되었다. 몸을 바르게 편 선생님이 입을 열었다.

"허허허, 여러분, 안녕하십니까. 오늘 여러분과 논리학 이야기를 나눌 밀입니다."

"선생님, 괜찮으세요? 컨디션이 안 좋아 보이는데 잠시 쉬는 것이

어떠세요?"

한 남학생이 친절하게 말했다.

"전 괜찮습니다, 허허."

밀이 다정하게 웃었다.

"감사합니다."

구석에 앉아 있던 여학생이 경멸하는 듯한 목소리로 중얼거렸다.

"아첨 떨기는, 어딜가나 저런 사람이 있다니깐……"

밀은 눈살을 찌푸렸다.

"학생, 어째서 아첨이라고 이야기하는 것이죠? 정상적인 관심입니다. 누군가가 나의 컨디션에 관심을 가져서 매우 감사하고 있는데, 잘못된 점이 있습니까?"

여학생은 얼굴이 빨개졌지만 그래도 강경하게 말했다.

"제가 볼 땐, 저 사람은 아첨을 떤 것 같아요."

주변의 학생들이 고개를 저었고 동조해 주는 사람도 없었다.

상황을 지켜보던 밀은 어쩔 수 없다는 듯이 말했다.

"학생, 학생은 대인관계에 대해 이해를 잘못 하고 있는 것 같군요. 학생처럼 행동한다면 친구를 잃기 쉬워요."

구석에 앉아 있던 여학생은 계속 반박했다.

"친구가 왜 필요한가요? 전 혼자서도 잘 생활하고 굳이 노력해서 친구를 만들고 싶지도 않아요."

밀은 고개를 저었다.

"물론 학생의 선택이기 때문에 저는 간섭할 수 없습니다. 하지만 사람은 사회적 동물입니다. 마르크스가 말했습니다. '인간의 본질은 개인 고유의 추상적인 것이 아니라 현실성을 기초로 하는 모든 사회적 관계의 총합이다.' 즉 인간은 사회를 벗어나 홀로 존재할 수 없습니다. 인간의 삶에서 교류를 빼놓을 수는 없습니다."

밀에게 관심을 표했던 남학생은 구석에 앉아 있던 여학생을 힐끗 보더니 말했다.

"선생님, 대인관계를 개선하는 방법을 알려주시겠어요?"

밀이 웃으며 말했다.

"좋습니다. 저도 그래야 할 것 같았습니다. 대인관계를 개선하는 것 역시 논리학에서 중요한 부분입니다. 교류 능력이란 한 단체 내에서 타인과 조화롭게 지내는 능력입니다. 방금 제가 말한 것처럼 인간은 사회적 동물이기 때문에 사회를 떠난다는 것은 타인을 떠난다는 것입니다. 그렇다면 어떤 광경이 펼쳐질까요? 여러분은 사회에 발을 들여놓으면 자신이 계속해서 다양한 사람들과 교류하게 된다는 것을 발견할 수 있습니다. 사람들과 교류하는 과정에서 다른 사람의 지지와 도움을 받을 수 있을지 없을지는 여러분의 감성 지수와 관련 있습니다."

클레어는 그 여학생의 엉켜 있는 마음을 풀어 주고 싶었다.

"맞아요, 어떠한 대인관계를 유지하고 있는지에 따라 미래에 얼마나 행복한 생활을 할 수 있을지 결정된다고 생각해요. 만약 조화로운 대인관계를 유지하고 있다면 그 사람은 행복할 거예요. 반대로 오랜 시간 경직되고 긴장된 대인 관계를 유지하고 있다면 영원히 고독이 함께할 거예요. 대인관계는 사람의 생활의 질에 영향을 주는 것 같아요."

클레어의 선의를 느낀 밀은 웃으며 말했다.

"맞습니다. 교류하는 과정에서 모든 사람이 자신의 생각과 심리가 있지만 이러한 것들은 대인 관계에 큰 영향을 미치지 않습니다. 최대한 긍정적인 효과를 강화하고 부정적인 효과를 극복해야 대인 관계의 성공률을 높이고 대인관계의 건강한 발전을 촉진할 수 있습니다. 이 효과를 위해서 논리적 사유는 더욱 중요합니다. 일부 학생들은 이 점을 이해하지 못하겠지만 자신이 대인관계 속에서 맞닥뜨린 문제를 다른 사람에게 떠넘기는 것은 올바르지 않습니다. 책임은 대부분 자신에게 있습니다."

구석에 앉아 있던 여학생은 입술을 깨물며 말이 없었다. 무언가를 생각하는 듯했다.

밀이 이어서 말했다.

"논리학 측면에서 여러분의 사유를 단련시켜 감정 지수를 높이고 대인관계 소통을 원활히 할 수 있는 방법이 몇 가지 있습니다."

구석에 앉아 있던 여학생이 귀를 쫑긋 세웠다. 다른 학생들도 흥미로운 얼굴이었다.

밀이 말했다.

"첫 번째는 다른 사람에게 친절해야 한다는 것입니다. 다른 사람에 대한 호기심을 키워야 합니다. 사람들과 교류할 때 뛰어나진 않더라도 따뜻하고 친절해야 상대방이 호감을 가집니다. 따뜻함과 친절함은 상대방에 대한 존중과 예의를 나타내므로 그렇게 하면 다른 사람 역시 여러분에게 예의를 다 하고 존중할 것입니다."

클레어가 고개를 끄덕였다. 그렇다, 웃는 얼굴에 침을 뱉지는 않는다.

밀이 계속 말했다.

"두 번째는 다른 사람이 필요한 것을 고민해야 한다는 것입니다. 대인 관계를 잘 유지하고 소통을 잘할 수 있는 비결 중 하나는 다른 사람의 이익에 손해를 입혀서는 안 되고 다른 사람에게 도움을 주는 것입니다. 또한 다른 사람이 여러분에게 도움을 줄 때 감사한 마음을 반드시 표현해야 합니다."

"세 번째는 선입견을 버려야 합니다. 방금 여학생처럼."

밀은 구석에 앉아 있는 여학생에게 고개를 숙였다.

"학생은 '다른 사람에 대한 관심'과 '아첨'을 같은 것으로 보고 있습니다. 그렇다면 객관적이고 공정하게 다른 사람의 생각을 이해하기가 어렵지요. 그것은 불공평하고 이성적이지 않은 행동입니다. 다른 사람과 소통할 때 사람에게는 각각 자존감이 있습니다. 다른 사람이 당신을 대접해 주길 원한다면 당신이 먼저 다른 사람을 대접해 줘야 합니다. 편견을 깨야 상대방의 본래의 모습을 발견할 수 있고 쌍방의 교류가 순조롭게 진행될 수 있습니다."

구석에 앉아 있던 여학생은 한숨을 쉬고는 어색하게 자신의 문제를 인정했다.

"맞습니다. 저는 대인관계 능력이 부족합니다. 조금 전의 남학생에게 사과할게요, 미안합니다."

남학생과 밀은 그녀에게 미소로 답했다. 밀이 이어서 말했다.

"논리적 사유는 당신의 감정 지수를 높일 뿐 아니라 표현력을 향상시켜 상대방에게 반격할 여지를 주지 않습니다. 따라서 논리적 사유는 우리의 삶에서 매우 중요합니다."

설득의 논리는
당신을 고수로 만든다

학생들이 조용해지길 기다렸다가 밀이 웃으며 말했다.

"사람들과 교류하고 관계를 맺을 때 중요한 활동 중 하나는 다른 사람을 설득하는 것입니다. 설득의 논리는 대인관계에서 중요한 부분입니다. 예를 들어 강연, 변론, 영업 등 목적은 모두 다른 사람을 설득하는 것이지요."

한 여학생이 말했다.

"저는 강연을 자주 듣는데 강연자들은 설득력이 대단한 것 같아요. 그 이유는 뭘까요?"

밀이 말했다.

"강연자는 논리가 있기 때문에 말하기의 고수가 되는 것입니다.

구체적으로 말하면, 강연은 특정 장소에서 특정 관중을 대상으로 합니다. 그리고 강연자는 많은 준비를 하죠. 그것만으로도 충분한 조건이 됩니다. 자신의 논리적 사유를 현장에서 펼치고 성공적으로 관중을 설득합니다. 먼저 생각을 한 후 그 생각을 청중의 머릿속으로 넣는 것이 강연의 논리입니다."

그 여학생이 재차 질문했다.

"저도 강연자처럼 말을 잘할 수 있을까요?"

밀이 긍정적으로 대답했다.

"당연하지요. 하지만 체화된 배경 지식이 있어야 말할 내용이 있습니다. 그러므로 지식과 배경을 쌓는 것이 매우 중요합니다. 설득력이 강한 원고는 한 번에 써 내려갈 수 있는 것이 아니고 옳고 그름을 가려내는 능력도 하루아침에 생기는 것이 아니지요. 하루 사이에 심오한 문제에 모두 답해낼 수는 없습니다. 생각해낸다 하더라도 맥락을 잡아서 구성할 수는 없을 것입니다. 계속해서 확장하고 줄이며 다듬는 과정을 거쳐야 최종적으로 만족스러운 강연 원고가 나올 수 있습니다."

"순조롭게 생각의 맥락을 구성하려면 논리적 사유가 매우 중요합니다."

밀이 말했다.

"이를 위해서는 여러분이 생활 속에서 사유의 깊이와 넓이를 확장

해야 하며, 문제에 직면했을 때 최대한 많이 생각해야 합니다."

클레어가 손을 들었다.

"그럼 우리는 논리적 사유 능력을 어떻게 단련해야 할까요?"

밀이 미소를 지었다.

"저의 제안은 책을 읽고 필기를 하는 습관을 기르는 것입니다. 여러분은 자신이 매우 좋아하는 행동에 대한 견해를 기록할 수 있습니다. 좋은 문구나 명언을 보게 되면 그것을 기록하는 것도 좋은 습관입니다. 많은 연구 결과에 따르면 기억과 필기가 결합되면 기억력이 제고되기 때문입니다. 기억해야 하는 내용을 외우지 못할 수도 있지만 필기를 하고 나면 손, 눈, 마음이 자극을 받고 잠재의식에까지 각인되어 말하는 습관을 바꿀 수 있습니다."

안경을 쓴 여학생이 말했다.

"맞아요, 독서와 필기는 성취감도 있어요. 그것은 마치 우표를 수집하는 것과 같은 느낌일 것 같아요. 우표 몇 장을 모아서는 우표 수집의 재미를 느끼지 못하지만 수백 장을 모은다면 관성적으로 계속 수집하게 되죠. 마찬가지로 열 몇 장 필기하면 습관이 된 것을 느끼게 될 거예요."

밀이 고개를 끄덕였다.

"맞아요, 처음에는 아름다운 문구를 추출하는 수준일 뿐입니다. 그러다 천천히 논리성이 강하고 호소력이 있는 글을 쓰게 될 것입니다."

"맞습니다."

한 남학생이 말했다.

"저희 교수님도 우리에게 글을 쓰는 습관을 길러야 한다고 자주 말씀하셨습니다. 펜을 이용해 종이에 글을 쓰면 사유가 형상을 갖추게 되고 조리가 생깁니다. 또한 생각을 정리할 때 아름다운 문구를 인용할 수도 있습니다. 시간이 지나면서 그런 것들이 쌓이고 쌓이면 설득력도 크게 강화될 것입니다."

밀이 말했다.

"여러분, '화는 입에서 온다'라는 말을 알고 계시겠죠. 무엇을 말해야 하는지, 무엇을 말하면 안 되는지를 잘 인식하고 있다면 여러분이 강연을 하더라도 문제없을 것입니다. 따라서 좋은 글귀를 뽑아내는 것은 좋은 방법입니다. 저는 논리적 사유 능력은 취미를 통해서도 제고할 수 있다고 생각합니다. 예를 들어 책을 볼 때 글 속에 논리적 문제를 많이 골라내는 것입니다."

논리적 사유 능력을 강화하고 싶은 학생들이 안달이 난 듯이 말했다.

"밀 선생님, 예를 들어주세요. 우리도 한번 해 보고 싶어요."

밀이 고개를 끄덕였다.

"좋아요, 여러분에게 이야기를 들려줄 테니 비교와 판단을 통해 어떤 것이 타당하지 않은지 맞춰 보세요. 첫 번째 이야기입니다. 미국의 한 조사 보고서에 따르면, 미국 전국의 MIS^{경영정보시스템} 전공 교수의 평균 급여는 8만 달러입니다. 그러나 막 학위를 수여한 MIS 박사는 조교수만 될 수 있습니다. 따라서 미국에서 MIS 교수가 되는 박사 평균 급여는 8만 달러 이하일 것입니다."

잠시 쉬었다가 밀이 계속 말했다.

"두 번째 이야기입니다. 중국 소비자협회의 통계에 따르면, 올해 소비자협회에 불만을 제기한 사례는 6,000만 건으로 작년보다 50% 줄었습니다. 올해 중국의 법률 정책이 변동이 없었고 제조사의 소비자에 대한 서비스에 변화가 없다면, 그리고 소비자가 불만을 제기하려면 반드시 중국소비자협회를 거쳐야 한다면, 이 통계는 중국 소비자협회의 업무가 개선되어 중국 소비자의 만족도가 올해 크게 개선됐다는 것을 의미합니다. 이 두 가지 이야기에서 어떤 것에 논리적 오류가 있을까요. 이유도 말해 주세요."

밀의 말이 끝나자 학생들이 말을 했다.

"첫 번째 이야기에 논리적 오류가 존재합니다. 너무 절대적이고 너무 단편적입니다."

밀이 웃으며 말했다.

"보아하니 여러분의 논리적 사유 능력이 정말 대단하군요. 이렇게 연습을 많이 하면 언어적으로 빈틈을 줄일 수 있고 여러분의 설득력을 높일 수 있습니다."

곰과 생선을
모두 가질 수 있다

밀이 살며시 웃으며 학생들에게 이야기를 시작했다.

"여러분, 중국에 '생선과 곰 발을 모두 얻을 수 없다'라는 말이 있습니다."

학생들이 고개를 끄덕였다.

밀이 계속 말했다.

"중국의 전통적인 관념으로는 사업과 가정은 일종의 '제로섬게임'과 같아서 하나만 선택해야 하며 두 가지 모두 완벽하게 이룰 수 없다고 생각합니다. 하지만 사실은 그렇지 않습니다. 만약 사업이 잘 안 되면 가정에도 영향을 미칩니다. 만약 가정에 불화가 생기면 사업도 영향을 받습니다. 따라서 사업과 가정의 균형을 맞추고 어느 한쪽도 잃지 않는 것이 행복의 관건입니다. 생활 속에서 그런 상황이 자주 발생합니다."

"어떻게 하면 두 가지를 모두 얻을 수 있나요?"

한 남학생이 물었다.

밀이 생각하다가 답했다.

"이렇게 이야기하죠. 회사에서 사장과 직원의 관계는 보통 아주 좋지는 않습니다. 다루기 어려운 직원을 만나게 되면 사장은 일반적으로 최대한 좋은 관계를 유지하기 위해 노력합니다. 문제가 생겼다고 해서 상대방을 해고할 수는 없으니까요. 어떤 직원은 자신의 실수를 해명하기 위해 관리자를 곤란하게 하기도 합니다. 심지어 궤변으로 상대방에게 책임을 묻고 징벌을 피합니다. 이때 어떻게 해야 할까요?"

밀은 빙그레 웃으며 학생들을 바라봤다. 클레어가 생각하다가 말했다.

"어차피 궤변이라면 그 자체가 내용과 논리적으로 모순이나 국한성이 있을 텐데 관리자가 그 빈틈을 찾아내기만 하면 직원의 궤변도 쉽게 발각되겠지요."

밀이 칭찬의 의미로 고개를 끄덕였다.

"맞습니다. 여러분에게 짤막한 이야기를 하나 해 드리죠. 어느 회사 총무팀 책임자는 팀원 한 명 때문에 고민이 많았습니다. 그 팀원은 항상 상사에게 대항하는 까다로운 직원이었기 때문입니다. 회사 규정상 출근 시간에는 정장을 입고 슬리퍼를 신어서는 안 됩니다. 하지만 이 '괴짜'는 매일 슬리퍼를 신고 출근을 했죠. 총무팀 책임자가 이를 발견한 후 엄하게 물었습니다. '회사는 여러 번 직원들이 슬리퍼를 신고 출근하는 것을 금지했는데 왜 슬리퍼를 신나?' '괴짜'는 자신은 슬리퍼를 신은 것이 아니라 구두를 신은 것이라고 반박했습니다.''

여기까지 이야기하자 모두 의혹의 눈빛을 보냈습니다. 슬리퍼와 구두를 구분하지 못한다고?

밀이 계속 말했다.

''그때 사무실 모든 사람들의 눈이 '괴짜'의 신발로 집중되었죠. 원래 그 신발은 평범한 플랫 형태의 가죽으로 만든 구두였는데, '괴짜'는 그 신발의 앞부분을 도려내고 뒤꿈치 부분을 꾸겨서 신은 것이었습니다. 그렇게 신발은 슬리퍼의 형태와 별 차이가 없었죠. '괴짜'는 오히려 화를 내며 말했습니다. '이게 가죽 신발이 아니라고요? 사람이 팔다리가 끊어져도 다른 동물이 아니라 사람은 사람이죠!'''

학생들은 순간 멍해졌다. 그렇다, 그 '괴짜'의 말은 문제가 없는 것 같았다.

밀은 학생들의 반응을 보며 숨죽여 웃었습니다. 그러다 느긋하게 말했습니다.

"그 총무팀 책임자는 순간 멍해졌다가 여유 있게 말했습니다. '자네의 변명은 얼핏 들으면 말이 되는 것 같지만 틀렸다네. 가죽 구두가 슬리퍼가 아니라 가죽 구두인 것은 무엇보다 머리 부분이 막혀 있고 뒤꿈치 부분이 드러나지 않기 때문이지. 그건 마치 사람과 같아. 만약 그 사람의 가장 중요한 부분인 미리가 없다면 그 사람을 사람이라고 부를 수 있겠나……'"

모두 듣고 나서 감탄했다. 그렇다. 그 '괴짜'의 궤변은 사실 논리적 추리 측면에서 틀린 것이다. '사람이 팔다리가 없어도 사람'이라는 말은 틀린 것이 아니다. 그러나 이는 '가죽 구두가 머리 부분이 없어도 가죽 구두'라는 것과 관계가 없다.

총무팀 책임자는 그 논리적 오류를 예리하게 발견하고 문제의 초점을 사람의 팔다리에서 사람의 머리로 옮겼다. 총무팀 책임자는 '괴짜'와 동일한 논리적 형식의 궤변을 만들었고, '가죽 구두 머리 부분의 기능'이 '사람의 머리와 마찬가지로 중요하다'라고 생각한 것이다.

사람의 머리가 없어지면 더 이상 사람이 아니고, 마찬가지로 가죽 구두의 머리 부분이 없어지면 역시 가죽 구두가 아닌 것이다.

밀은 빙그레 웃으며 말했다.

"상대방의 말을 자세히 듣고 언어 속의 논리 관계를 규명하고, 상대방의 빈틈을 잡아야 상대를 설득할 수 있습니다. 물론 그런 능력은 생활의 경험에서 오는 것입니다. 만약 다른 사람 말 속의 빈틈을 알려면 논리적으로 사유하는 습관을 키우고 문제를 이성적으로 보며 감성적인 인지를 피해야 합니다. 그렇게 해야 생선과 곰 발을 모두 얻을 수 있습니다."

"좋습니다, 여러분. 오늘의 논리학 수업은 여기까지입니다. 여러분과 다시 만나길 바랍니다."

밀은 학생들의 박수를 받으며 강단을 천천히 내려왔다.

타르스키
'논리의
생장과 변동을
대하는 법'

#타르스키 #집중력 #관찰력 #창조력 #집중과_몰입
#의도적_주의 #연습

알프레드 타르스키 | 1901 ~ 1983

폴란드에서 출생한 유대인 논리학자, 수학자, 언어철학자이다. 미국에서 거주하
였으며 캘리포니아대학 버클리 분교에서 교편을 잡았다. 바르샤바 학파 회원으
로 위상수학, 기하학, 측도론, 수리논리, 집합론, 초수학 등의 분야를 섭렵했으
며, 모형론, 추상대수, 대수논리에 정통했다.

진상 찾기,
가장 중요한 것은 집중과 몰입

밀의 대인관계 소통에 관한 논리학 수업을 들은 후 클레어는 사람들과의 관계가 더 원활해졌다고 느끼고 있었다. 또한 언행에 있어서 더욱 이성적이고 치밀해졌다. 논리적 사유 능력은 모든 사람, 특히 변호사에게 매우 중요한 일이었다.

클레어는 일찌감치 교실에 와서 자리에 앉았다. 얼마 지나지 않아 코가 큰 선생님이 웃으며 강단으로 올라섰다. 선생님을 보니 클레어는 영화 〈2012〉에서 유리를 연기한 즐라트코 버릭 Zlatko Buric 이 떠올랐다.

코가 큰 이 선생님은 즐거운 목소리로 자신을 소개했다.

"안녕하세요! 저는 오늘의 논리학 멘토 알프레드 타르스키입니다!"

"와, 선생님에 대해서 알아요. 선생님이 그 유명한 '타르스키 공리'를 제창하신 분이죠!"

한 남학생이 흥분한 목소리로 말했다.

클레어는 타르스키 공리를 들어본 적은 없지만 해박해 보이는 알프레드 타르스키 선생님의 보니 영화 〈2012〉의 권투선수 유리의 기질과는 완전히 달랐다.

타르스키가 웃으며 말했다.

"여러분은 모두 각각의 이유로 논리학 수업을 듣고 계시겠죠. 하지만 여러분 모두 이 수업을 좋아하죠? 정치학을 좋아하는 학생도 있고, 물리학을 좋아하는 학생도 있습니다. 어떤 학생은 저처럼 수학을 좋아할 것입니다. 그렇다면 여러분은 어떤 매력을 느껴서 이 수업을 좋아하나요?"

학생들이 생각해 보다가 한마디씩 이야기했다.

"그냥 좋아해요, 재미있어요!"

"맞습니다. 아주 좋아요! 생각이 집중되면 흥미가 생깁니다. 우리는 자신이 흥미가 있는 과목을 더 열심히 공부합니다."

타르스키는 학생들의 설명에 아주 만족하는 것 같았다.

"그러나 흥미는 키우는 것이 아닙니다. 특정 과목에 생각이 집중되어야 흥미가 발생하는 것이고, 그다음에 집중하는 능력이 길러집니다."

타르스키가 말했다.

"어떤 과목이든, 여러분이 그 과목에 얼마나 거리를 두고 있든, 그 것에 생각을 집중한다면 흥미가 생깁니다. 만약 여러분이 책만 들고 정신은 다른 곳에 팔린 채 몇 시간을 앉아 있다면 차라리 몇십 분만 수업하는 것이 낫습니다. 학습시간이 부족하다고 느끼는 학생은 집 중력이 부족하기 때문입니다. 대학 입시를 준비하더라도 매일 수업 후 세 시간만 온 정신을 집중할 수만 있다면 그것으로도 충분합니다."

한 남학생이 급하게 말했다.

"선생님, 집중력은 어떻게 키워야 하나요? 저는 집중력이 너무 약 해요."

타르스키가 웃으며 말했다.

"집중력을 키우는 방법은 아주 간단합니다. 첫째, 시간을 분배합니다. 책을 보는 시간이 아주 많을 필요는 없습니다. 방해받을 가능 성이 큰 시간대라면 차라리 공부를 하지 않는 것이 낫습니다. 둘째, 공부를 하고 싶지 않을 때는 책을 덮습니다. 그래야 다음에 책을 볼 때 지루하지 않습니다. 마지막으로 억지로 공부하지 않습니다. 책을 기피하는 현상이 일어나서는 안 되기 때문입니다."

남학생이 물었다.

"집중력이 있다는 것은 어떤 것일까요?"

타르스키가 대답했다.

"집중해서 공부할 때 시간이 매우 빠르게 흘러가는 것을 알 수 있습니다. 공부하기 전에 먼저 시간을 기록한 다음 차분히 공부를 하거나 과제를 합니다. 공부를 하다가 문득 정신이 들었을 때, 시간이 30분 이상 흘렀다면 집중력이 어느 정도 있는 것입니다. 만약 매번 공부할 때마다 주변 사물을 완전히 잊고 1시간 이상 공부한다면 집중력을 걱정할 필요는 없습니다."

클레어는 대학 입시를 준비하던 시절이 떠올라 감탄했다.

"집중력은 습관인 것 같아요. 평소에 좋은 습관을 가지고 있다면 언제든 집중력을 발휘할 수 있어요. 좋은 습관이 없으면 집중력을 발휘하려 해도 매우 어렵죠."

타르스키가 고개를 끄덕이며 동의했다. 한 여학생이 손을 들었다.

"저는 평소에 정말 바빠요. 휴식시간조차 매우 적죠. 그런데 어떻게 습관을 만들죠?"

타르스키가 웃으며 말했다.

"사실 바쁠 때가 습관을 만들기 가장 좋은 시기입니다. 이렇게 해볼 수 있어요. 관심 없는 일에 맞닥뜨려도, 일부러 그것에 주의를 기울입니다. 논리학에서 그러한 행위를 '의도적인 주의'라고 합니다. 이런 습관을 키우면 학생은 필요하기만 하면 정확하게 판단할 수 있는 능력을 갖게 됩니다."

남학생이 말했다.

"사자도 토끼를 잡을 때는 최선을 다한다고 하죠. 사람들이 일을 할 때도 마찬가지인 것 같습니다. 작은 일이라도, 아주 작은 디테일이라도 혹은 별로 관심이 없는 일이라도 최선을 다하고 열심히 해야 합니다. 공부를 적당히 하면서 다른 곳에 신경을 쓰면 안 됩니다. 그렇게 되면 공부도 제대로 못 하고 노는 것도 제대로 못 하게 되는 것이죠."

타르스키가 고개를 끄덕였다.

"맞습니다. 그 외에 예리한 통찰력과 주의력을 지니고 있으면서 언제든 정확한 판단을 할 수 있는 사람이야말로 진정한 능력이 있는 사람이라고 할 수 있습니다. 정확한 판단을 하려면 우선, 정확한 판단 기준이 있어야 하고, 둘째, 상황을 잘 이해하고 있어야 합니다."

타르스키가 잠시 멈추었다가 이야기를 이어갔다.

"생활과 일 속에서 '의도적인 주의'를 훈련하면 천천히 습관이 양성될 것입니다. 주의력, 관찰력, 창조력을 잘 갖춘다면 논리적 사유 능력이 강해집니다."

"타르스키 선생님, 주의력, 관찰력, 창조력이란 무엇인가요? 그 능력들을 어떻게 키우죠?"

한 여학생의 질문에 타르스키가 싱긋이 웃었다.

"급할 것 없어요, 그것이 바로 제가 여러분에게 이어서 알려드릴 내용입니다."

주의력,
관찰력, 창조력

타르스키가 계속 말했다.

"여러분에게 관찰력과 주의력을 키우는 방법을 알려드리기 전에 먼저 질문 몇 가지를 하겠습니다. 여러분은 길거리를 걸어가다 방금 우연히 마주친 사람을 기억하지 못하나요? 그가 무엇을 입었는지, 얼굴에 어떠한 특징이 있는지 기억하지 못하나요? 다른 사람에게 영화를 소개할 때 제대로 말하지 못하나요? 바로 눈앞에서 발생한 일인데 인지하지 못하나요?"

고개를 크게 끄덕이는 학생들을 바라보며 타르스키는 유쾌하게 웃었다.

"괜찮습니다. 그러한 것들은 대부분 학생들에게 자주 일어나는 일이니까요, 왜 그럴까요? 왜냐하면 사물을 관찰하는 습관을 기르지 않았기 때문입니다. 관찰하는 연습을 자주 한 사람은 주의력을 개선할 수 있습니다."

조금 전의 여학생이 말했다.

"선생님, 도대체 어떻게 주의력과 관찰력을 연습하나요?"

타르스키가 웃으며 말했다.

"우선, 그것들의 정의에 대해 알아야 합니다. 주의력과 관찰력, 사실상 외부의 정보를 얻는 능력입니다. 지력의 구성 부분이기도 하지요. 관찰력이 강한 사람은 보통 세부적인 것에서 기적을 발견합니다. 예를 들어 사과가 땅에 떨어진다, 수증기가 냄비 뚜껑을 연다, 이러한 것들은 일상적인 현상이지만 뉴턴과 와트는 그로부터 만류인력의 법칙을 발견하고 증기 기관을 발명했지요. 그리고 관찰력은…… 모두 《셜록 홈즈》에 대해 아시죠. 셜록 홈즈는 왓슨을 처음 만났을 때 그가 아프가니스탄에 갔던 군의관임을 알아챘습니다. 셜록 홈즈는 어떻게 그렇게 빠르게 앞에 있던 사람이 군의관임을 판별했을까요?"

"그의 뛰어난 관찰력 덕분이었습니다!"

한 남학생이 타르스키의 말을 끊었다.

타르스키는 실례를 범한 남학생을 책망하지 않고 오히려 동의했다.

"훌륭합니다. 바로 예리한 관찰력 덕분에 셜록 홈즈는 한 사람의 직업, 경력 등을 빠르게 판별할 수 있었습니다. 셜록 홈즈가 많은 사건을 빠르게 해결할 수 있었던 결정적인 요소 중 하나는 그의 예리한 관찰력 덕분이었죠. 예리한 관찰력은 한 사람에서 얼마나 많은 정보를 파악할 수 있을지를 결정합니다. 예리한 관찰력이 있어야만 처음 본 사람의 정보를 더 많이 확보할 수 있습니다."

조금 전의 여학생이 말했다.

"타르스키 선생님, 어서 주의력과 관찰력을 키우는 방법을 알려주세요!"

타르스키가 손을 흔들며 웃었다.

"알겠어요. 사실 주의력과 관찰력을 단련하는 방법은 매우 쉬워요. 예를 들어 갑자기 친구의 눈이 속쌍꺼풀이라는 것을 발견합니다. 또 오늘 길거리에 차가 적다는 것을 발견합니다. 또 뒤에서 두 번째 줄에 앉은 학생이 사실은 왼손잡이라는 것을 발견하는 것 등입니다."

"그러니까, 그러한 것들을 보면 주의력과 관찰력을 제고할 수 있다는 말씀이신가요?"

타르스키가 웃었다.

"주의력과 관찰력은 마음을 쓰는 행위입니다. 계단을 관찰할 때 여러분은 계단의 개수, 높이를 세어 볼 수 있습니다. 보기만 한다면 그저 단순하게 계단이라는 것을 기억할 뿐입니다. 처음 주의력과 관찰력을 연습할 때 의식적으로 관찰하는 것이 가장 좋습니다. 평범하고 특별한 것이 없는 사물에 대해 의식적이고 세밀하게 그것이 가지고 있는 특징을 관찰하고 사람들이 발견하기 어려운 부분에 주의해야 합니다. 또한 대조와 비교를 통해 주의력과 관찰력을 훈련하는 것도 좋은 방법입니다."

클레어가 고개를 끄덕였다.

"맞아요, 오늘과 어제의 가구 배치나 증시에 변화 등을 자세히 관찰한 다음 미래의 추세에 대해 추측하는 거예요. 그렇게 연습한다면 잠재의식 속의 관찰 능력을 꺼낼 수 있을 것 같아요. 사물에 대해서 습관적으로 관찰한다면 뛰어난 관찰력과 주의력을 갖출 수 있을 거라고 생각합니다."

타르스키가 웃으며 동의했다.

"창조력은 더 높은 수준의 능력입니다. 왜냐하면 창조적인 사유는 천성적으로 가지고 태어나는 것이 아니기 때문입니다. 그것은 후천적인 노력을 통해 만들어집니다."

학구열이 남달라 보이는 남학생이 질문했다.

"창조력은 어떻게 키워야 하나요?"

타르스키가 말했다.

"창조력을 키우기 위해서는 사람들의 호기심과 지식욕을 자극해야 합니다. 사물에 대해 호기심과 탐구욕이 있어야 창조적인 사유 능력을 제고할 수 있습니다. 실험 결과에 따르면, 호기심이 강하고 지식욕이 왕성한 사람은 적극적으로 연구하고 과감히 혁신합니다. 그렇기 때문에 호기심은 학자들에게 제일 가는 미덕으로 여겨지기도 합니다."

"그렇다면 창조적 사유 능력을 기르기 위해서는 어떤 것에 주의해야 하나요?"

한 학생이 질문했다.

타르스키는 웃으며 말했다.

"우선 자발적으로 학습하기 위한 독립성을 키우고 호기심과 지식욕을 유지해야 합니다. 두 번째는 적극적으로 질문하는 태도를 가져야 합니다. 공부하는 과정에서 문제를 발견하면 질문을 하고 해결해야 합니다. 마지막으로 사유의 발산입니다. 문제 해결을 연습하는 과정에서 많이 이해하고 많이 변해야 합니다."

한 여학생이 물었다.

"저는 심리학 전공자입니다. 전공 교수님께서 창조적인 사유란 사유가 객관적인 사물의 본질과 내재적인 연계로만 구현되는 것이 아니라 그것을 기반으로 참신하고 사회적 가치가 있는 전무후무한 사유 성과를 발생시키는 것이라고 하셨습니다."

타르스키가 고개를 끄덕였다.

"창조적인 사유는 인류의 고차원적인 심리 활동입니다. 창조적 사유는 정치가, 교육가, 과학자, 예술가 등 다양한 뛰어난 인재들이 지닌 기본적인 소양입니다. 창조력은 일반적인 사유를 기반으로 발전한 것으로 후천적인 육성과 훈련의 결과입니다."

타르스키가 말했다.

"찰리 채플린이 이에 대해 의미 있는 말을 남겼습니다. '바이올린이나 피아노를 연주하는 것처럼 생각 역시 매일 연습이 필요하다.' 따라서 여러분이 연습을 많이 한다면 자신의 주의력, 관찰력, 창조력을 키울 수 있을 것입니다.

좋아요, 오늘 수업은 여기까지입니다. 여러분이 논리적 사유 활동을 통해 더 아름다운 삶을 맞이하시길 바랍니다!"

학생들 모두 힘껏 박수를 치며 타르스키와 작별했다.

15

노이만
'논리는 세상을
어떻게 정의할까'

#노이만 #게임이론의_아버지 #브레인스토밍 #마음의_자물쇠
#기억력 #기억법 #셜록_홈즈

존 폰 노이만 | 1903 ~ 1957

헝가리 국적으로 부다페스트대학에서 수학 박사 학위를 받았다. 20세기 중요한
수학자 중 한 명으로 현대컴퓨터, 게임이론, 핵무기와 생화학무기 분야까지 섭
렵한 만능 과학자로 '컴퓨터의 아버지', '게임이론의 아버지' 등으로 불렸다.
베를린대학과 함부르크대학에서 교편을 잡았으며 1930년 미국으로 건너가 미
국 국적을 취득했다. 프린스턴대학, 프린스턴 고등연구소 교수를 역임했으며,
미국 원자력위원회 회원, 미국 전국과학원 원사 등을 지냈다. 초기 주판이론, 공
진론, 양자이론, 집합론 등 분야에서 뛰어난 업적을 남겼으며 폰 노이만 대수를
만들었다. 주요 저서로는 《양자역학의 수학적 기초》(1926), 《컴퓨터와 인간의
뇌》(1958), 《고전역학의 주판 방법》, 《게임이론과 경제 행위》(1944), 《연속기
하》(1960) 등이 있다.

브레인스토밍이 연결하는
논리적 사유의 신기한 세상

어느덧 오늘이 마지막 논리학 수업이다. 클레어는 기대와 아쉬움을 품고 교실에 일찌감치 도착했다.

교실에 들어선 클레어 앞으로 수업을 준비하고 있는 선생님이 보였고 다른 학생들도 교실에 와 있었다. 두 남학생이 흥분된 목소리로 '폰 노이만'이라는 이름을 이야기하고 있었다.

폰 노이만? 클레어는 곰곰이 생각해 보았다. 아, 맞아! 20세기 중요한 수학자 중 한 분으로 '컴퓨터의 아버지', '게임이론의 아버지'라고도 불리는 분이다. 오늘 이런 대단한 분이 마지막을 장식해 줄 것이라고는 생각도 못 했다.

폰 노이만은 강의실에 가득한 학생들을 보며 웃었다.

"모두 일찍 오셨군요. 저는 오늘의 논리학 멘토 존 폰 노이만입니다."

한 남학생이 흥분하여 말했다.

"선생님은 저의 우상이에요! 전 컴퓨터 전공자입니다. 선생님은 제 마음속의 레전드 같은 인물이십니다!"

폰 노이만은 겸손하게 웃었다.

"아닙니다, 저는 그렇게 대단한 사람이 아닙니다. 중국에 '구두장이 세 명이면 제갈량과도 겨룬다'라는 말이 있습니다. 여러분은 구두장이보다 지혜롭고 저는 제갈량보다 선견지명이 있거나 대단하지 않습니다. 그러므로 여러분 세 분이면 저보다 훨씬 지혜로울 것입니다."

모두 웃었다. 분위기가 한결 가벼워졌다.

하지만 남학생은 고개를 저었다.

"선생님은 논리학, 컴퓨터, 수학 분야에서 큰 업적을 이룩하셨습니다. 과연 저희가 선생님과 비교가 될까요?"

폰 노이만이 웃으며 말했다.

"왜 비교가 안 됩니까? 브레인스토밍만 활용하면 됩니다!"

한 여학생이 궁금해서 질문했다.

"브레인스토밍이 뭔가요?"

폰 노이만이 웃으며 말했다.

"한 무리의 사람들이 특정 분야에 대한 생각을 모아 새로운 관점을 찾아내는 상황을 브레인스토밍이라고 합니다. 사실 브레인스토밍은 아주 유용합니다. 단체가 토론할 때 브레인스토밍은 규칙의 속박이 없어서 사람들은 더욱 자유롭게 생각할 수 있고 새로운 분야를 생각할 수 있습니다. 따라서 더 많은 솔루션을 얻을 수 있지요."

"브레인스토밍은 규칙이 없나요?"

폰 노이만이 대답했다.

"규칙이 완전히 없을 수는 없습니다. 세상엔 그렇게 절대적인 일이 없으니까요. 하지만 브레인스토밍은 현장에서 나오는 모든 생각에 평가를 하지 않는 원칙을 고수해야 합니다. 긍정도, 부정도 해서는 안 되고, 평가성 의견을 발표해서도 안 됩니다. 참가자들이 새로운 관점이 있으면 큰 소리로 말합니다. 그렇게 하면 평가로 인해 참가자의 적극적인 사유가 속박되는 것을 방지할 수 있습니다. 그리고 다음 단계에 해야 할 업무를 미리 진행하면서 창조적 구상이 대거 생산되는 것에 영향을 주지 않을 수 있습니다."

한 남학생이 감탄했다.

"정말 좋네요. 브레인스토밍은 규정의 제한이 없으니 참가자들의 생각이 훨씬 자유로워져서 다양한 각도에서 대담한 상상을 할 수 있겠어요. 참신하고 남다른 생각이 많이 나올 것 같아요. 집단이 함께 모여 새로운 아이디어를 발굴하는 사유 방법이군요."

폰 노이만이 웃으며 말했다.

"브레인스토밍은 '직접형 브레인스토밍'과 '질의형 브레인스토밍'으로 나뉩니다. '직접형 브레인스토밍'은 전문가의 결정을 기반으로 상상력을 최대한 발휘하여 더 많은 아이디어를 발상해내는 것입니다. '질의형 브레인스토밍'은 앞사람이 제시한 아이디어에 하나씩 의문을 가지면서 실행 가능한 방법을 찾는 것입니다."

한 여학생이 믿기지 않는다는 듯이 말했다.

"하지만 많이 말하는 것보다 정확하게 말하는 것이 좋은데, 전문가가 토론한 결과가 더 유용한 것 같아요."

폰 노이만은 고개를 저었다.

"전문가도 브레인스토밍을 자주 합니다. 하지만 학생이 말한 것과 정반대입니다. 브레인스토밍의 목표는 최대한 많은 아이디어를 얻는 것입니다. 따라서 질을 추구하는 것보다는 수량이 목적입니다. 브레인스토밍은 모든 참여자가 정해진 시간 안에서 생각을 하면서 자신의 생각을 많이 제시합니다. 토론의 핵심 목적은 가능한 관점을 모두 확보하는 것입니다. 그렇게 되면 매우 좋은 관점을 발견할 확률이 크게 올라갑니다. 아이디어의 질은 그다음에 진행되는 토론에서 생각할 수 있습니다."

여학생이 이어서 질문했다.

"그렇다면 평가를 왜 허용하지 않는 것이죠? 실행하기 어려운 내용에 대해서 바로 안 된다고 말하면 되잖아요? 왜 힘들게 기록을 해야 하는 것일까요?"

폰 노이만이 웃으며 말했다.

"생각해 보세요. 브레인스토밍의 목적은 많은 생각을 모으는 것이기 때문에 양이 많을수록 좋아요. 이로 볼 때 그것은 에너지를 굉장히 많이 소모하는 활동이죠. 관점에 즉각적으로 평가하면 소중한 사고력을 사용하고 참여자의 기분에 영향을 미칩니다. 왜 지력을 더 가치가 있는 관점을 제시하는 데 쓰지 않나요?"

폰 노이만이 이어서 말했다.

"브레인스토밍은 매우 효과적인 사유 방법으로, 의미가 깊은 창조적인 활동입니다. 하지만 아이디어라고 말하면 모두 입을 닫아요. 그러면 독창적이고 기발한 아이디어를 얻기 어려워지죠."

"독창적이고 기발한 아이디어를 생각해내는 것이 그렇게 어려운가요?"

폰 노이만이 웃으며 말했다.

"예를 들어보죠. 어느 달걀 공장이 효율을 높이기 위해 '호두를 깔 때 알맹이가 깨지지 않는 방법'에 대해서 브레인스토밍을 진행했습니다. 회의에서 사람들은 수백 가지의 아이디어를 제시했지요. 그중 한 사람이 말했습니다. '새로운 품종을 개발하는 것입니다. 그 새로운 품종은 생장 후에 저절로 껍질이 열리는 것이죠.' 모두 터무니없는 이야기라고 생각했지만 어떤 사람은 그 기상천외한 생각에서 계속 생각하다가 간단하고 효율적인 방법을 떠올렸어요. 겉껍데기에 작은 구멍을 뚫어서 압축된 공기를 주입하면 호두 내부의 압력 때문에 호두가 열릴 것이라는 것입니다. 문제가 해결되었죠."

학생들의 표정을 보며 폰 노이만은 계속 말을 이어갔다.

"따라서 상식적이지 아닌 것 같은 아이디어일수록 격려해야 합니다. 무서워하지 마세요, 여러분 머릿속에서 스쳐 지나가는 아이디어를 큰소리로 외치세요. 실행 가능하든 그렇지 않든 모두 말해 보세요. 정말 대단한 아이디어를 많이 생산할 수 있습니다. 브레인스토밍에서 말하는 아이디어는 모두 좋은 아이디어입니다."

'마음의 자물쇠'
열기

폰 노이만이 빙그레 웃으며 말했다.

"어제 드라마를 한 편 봤는데 남자 주인공이 여자에게 이런 말을 했어요, '네가 내 마음의 자물쇠를 열었어.' 아주 감동적인 대사였던 것 같아요."

폰 노이만이 이번에는 진지하게 말했다.

"사실 저도 마음의 자물쇠가 있고, 여러분에게도 있습니다. 우리 마음속 자물쇠는 우리 고유의 사유입니다. 논리학, 마음의 자물쇠를 여는 열쇠가 전통적인 사유에 속박되지 않고 더 아름다운 삶을 맞이하도록 도와줍니다."

"논리학 영업사원 같으세요."

한 여학생이 웃으며 말했다.

"구체적인 예를 들어주실 수 있나요?"

폰 노이만이 웃으며 말했다.

"물론 가능합니다. 두 사람이 숲으로 사냥을 하러 갔습니다. 사냥감을 찾고 있는데 갑자기 커다란 곰이 두 사람에게 달려왔죠. 처음에 두 사람은 놀라서 어찌할 줄 모르고 벌벌 떨었어요. 그런데 그중한 사람이 돌연 허리를 구부려서 신발 끈을 다시 잘 묶었습니다. 또 다른 사람이 놀라서 물었지요. '신발 끈을 다시 묶어봤자 무슨 소용이 있겠어? 저렇게 큰 곰으로부터 도망갈 수 있을 것 같아?' 신발 끈을 묶는 사람이 말했습니다. '당연히 도망 못 가지. 그래도 너보다는 잘 달릴 수 있어.' 그리고 그렇게 말하자마자 멀리 도망갔습니다."

모두 웃었다. 정말 정이 없지만 맞는 말이었습니다.

폰 노이만이 이어서 말했다.

"약간 주제에서 벗어났지만 이치는 같습니다. 논리학을 잘 배우면 잔혹한 생존 경쟁에서 누가 진짜 경쟁 상대인지 알 수 있습니다. 여러분이 상대방보다 항상 더 잘할 것이라는 보장은 그 어디에도 없습니다. 하지만 최소한 다른 동료들보다는 강해져야 합니다."

클레어가 입을 열었다.

"알제 지역의 이야기에 대해 들은 적이 있어요. 한 원숭이가 농민들의 쌀을 훔쳐 먹는 것을 좋아했대요. 농민들은 원숭이의 탐욕 때문에 원숭이를 잡는 방법을 개발했어요. 농민들은 가느다란 병에 쌀을 가득 채우고는 병을 나무에 매달았어요. 원숭이는 병 안의 쌀을 보며 굉장히 기뻐하며 손을 넣어 쌀을 잡으려 했습니다. 하지만 쌀을 주먹으로 가득 쥐면 손을 꺼낼 수가 없었습니다. 원숭이는 탐욕 때문에 쌀을 놓을 수 없었고 사람들이 잡아갈 때까지 기다리고 있을 수밖에 없었습니다."

또 다른 남학생이 말했습니다.

"그게 우리에게 무슨 교훈을 주죠? 사람이 원숭이보다 훨씬 똑똑하잖아요."

클레어가 고개를 끄덕였다.

"맞아요, 사람은 당연히 원숭이보다 똑똑해요. 하지만 쌀을 돈, 여자, 권력으로 바꾸면요? 아마 덫에 걸리는 것은 사람일 거예요."

폰 노이만이 웃으며 고개를 끄덕였다.

"훌륭합니다. 이야기에 유익한 교훈이 있군요. 바로 논리학의 미묘한 효과입니다. 이런 이야기도 들었던 적이 있습니다. 하루는 늑대가 먹을거리를 찾는데 하루 종일 찾아도 아무것도 얻지 못했습니다. 늑대가 어느 집을 지날 때 울고 있는 아기를 달래는 엄마의 소리가 들려왔죠. '뚝! 더 울면 늑대에게 데려다준다!' 그래서 늑대는 기뻐하며 창 아래에서 기다렸습니다. 하지만 시간이 지나도 엄마는 아이를 밖에 내놓지 않았습니다. 일어나서 안쪽의 상황을 살펴보니,

엄마가 또 이야기를 하고 있었습니다. '착하지, 어서 자거라, 늑대가 오면 혼을 내줄 테니.'"

모두 웃었다. 폰 노이만이 말했다.

"가끔 어떤 사람들은 그저 입에서 나오는 대로 이야기하고 그 이야기에는 특별한 의미가 없습니다. 그러나 듣는 사람은 진짜라고 믿습니다. 그리고 생각이 많아지고 혼란스러워 심지어 일과 생활이 다른 사람의 말 때문에 변화가 발생해 큰 손해를 입습니다. 논리학에 대해 조금이라도 이해다면 고통스러운 일을 겪지 않을 것입니다."

"그럼 자신의 논리 능력을 어떻게 강화할 수 있을까요?"

폰 노이만이 웃으며 말했다.

"지난 수업의 논리학 선생님들도 여러분에게 이야기해 주었지요? 사람마다 논리적 사유 능력을 제고할 수 있는 방법이 다른 것 같지만, 결국엔 같습니다. 저 같은 경우 저의 기억력을 제고할 것입니다. 기억력이 제고되어야 다른 능력도 제고되기 때문입니다."

"어떻게 해야 기억력을 향상시킬 수 있을까요?"

"우선 여러분의 기억 방식을 바꿔야 합니다."

폰 노이만이 말했다.

"사실 '이미지 기억법'과 '이해기억법理解記憶法'을 활용하면서 열심히 암송한다면 기억력을 크게 향상시킬 수 있습니다. 이미지 기억법은 눈을 통해 이미지를 남겨 기억하는 방법입니다. 암송은 여러분의 어휘량을 늘려서 해당 분야에서 사람들과 소통할 때 막힘없이 말할 수 있도록 합니다. 여러분의 어휘량이 해당 분야에 대해 논할 때 문제가 없을 정도가 되어야 여러분의 논리적 사유 능력을 제고할 수 있습니다."

"어떻게 행동해야 하는지 조금 더 구체적으로 알려주실 수 있나요?"

한 남학생이 머리를 긁적이며 말했다.

폰 노인만이 고개를 끄덕였다.

"매일 스스로에게 열 가지 정도 질문을 해 봅니다. 그 질문들은 책에 있는 문제일 수도 있고 현실 생활에서 만난 문제일 수도 있습니다. 질문을 하고 난 후 그 질문에 대답하려고 시도하고 답을 머릿속에서 이미지화합니다. 그때 논리적 사유 능력을 제고할 수 있는 능력을 갖추게 됩니다. 기억력을 강화하는 것 말고도 인과성에 대한 연상 능력을 강화해야 합니다."

폰 노이만이 말했다.

"우리의 일상과 일은 모두 연속성이라는 특징이 있기 때문에 연관성에 대해 고민하는 것은 기억력을 높이는 활동의 기초가 됩니다. 눈앞에서 발생한 상황을 근거로 앞으로 발생할 일을 추측해 봅니다. 특히 어떤 문제를 해결해야 할 때 먼저 인과 관계를 성실히 분석합니다. 그러면 천천히, 여러분은 문제를 해결하는 능력이 크게 제고되었다는 것을 느낄 수 있을 것입니다. 그 후 여러분은 일상에서 만나는 난제를 판단하고 해결할 수 있을 것입니다."

학생들이 박수를 쳤다.

폰 노이만이 이어서 말했다.

"사실 우리는 모두 굉장한 잠재력을 가지고 있습니다. 논리는 잠재력을 열어주는 황금 열쇠입니다. 이어서 구체적으로 이야기해 봅시다."

논리라는 '황금 열쇠'를 이용해
잠재력 깨우기

폰 노이만이 계속 말했다.

"많은 사람들이 논리는 허무하고 실속 없는 것이라고 생각합니다. 또한 논리학이 도대체 무슨 의미가 있는지 알지 못합니다. 논리학은 예술처럼 정서를 함양하는 것도 아니고 과학이나 수학처럼 정확한 것도 아닙니다. 하지만 논리학은 일과 생활 곳곳에 녹아 있습니다. 여러분이 논리학의 매력을 발견하면 그 매력에서 빠져나오기 어려울 것입니다."

클레어가 손을 들었다.

"논리학이 개인에게 아주 유용하다는 것을 알고 있습니다. 그런데 논리학이 사회의 발전에도 의미가 있나요?"

폰 노이만이 고개를 끄덕였다.

"물론입니다. 과학과 수학은 사회의 발전을 촉진하는 학문으로 논증 작업량이 매우 많지요. 따라서 그 학문들은 분업과 협업이 필요합니다. 사람과 사람 간의 소통에 걸림돌이 없으려면 강한 논리적 언어가 있어야 서로 상대방의 뜻을 이해할 수 있습니다. 그것은 아름다운 예술적 언어만으로는 한계가 있습니다. 따라서 논리학의 역할은 언어를 규범화하고 언어와 언어 사이의 분쟁을 없애며 지식을 공리公理 위에 세우는 것입니다."

"아! 이해했습니다."

클레어가 말했다.

"공리가 있다면 전 세계 사람들도 함께 문제를 생각할 수 있겠네요. 영국인이든 미국인이든, 중국인이든 각각의 언어로 말을 하지만 같은 수학, 물리, 화학을 배우고 있잖아요. 우리가 연구한 결과로 다른 나라 사람들이 도구 삼아 연구할 수 있지요. 근대의 과학이 발달한 것은 논리학의 공이 크군요!"

폰 노이만이 웃으며 말했다.

"맞습니다. 만약 논리를 모른다면 손해를 볼 것입니다. 창과 방패를 파는 사람이 있었습니다. 그는 자신의 방패가 얼마나 단단한지 자랑했습니다. '세상에서 그 어떤 것도 이 방패를 뚫을 수 없소.' 그다음 자신의 창을 들어 보이며, '이 창은 그 어떠한 물건도 모두 뚫습니다.'라고 말했습니다. 그러다 어떤 사람이 물었습니다. '당신의 창으로 당신의 방패를 뚫는다면 어떻게 되오?'"

모두 웃었다. 폰 노이만이 말했다.

"당연히 그 사람은 질문에 답할 수 없었어요. 우리가 그 사람을 비웃지만 사실 생활 속에서 그 사람과 같은 일을 자주 합니다. 학부모는 학교 측에 아이들의 소양과 인성 교육을 강력하게 요구합니다. 하지만 아이들의 시험 성적이 어떤지 굉장히 중시합니다. 우리는 권리를 이용해 개인의 이익을 도모하는 특권층을 비난합니다. 하지만 우린 또한 그런 특권층이 되기를 갈망합니다."

학생들이 모두 침묵했다. 폰 노이만이 말은 틀리지 않았다. 생활 속에서는 모순 같은 일이 너무나 많이 발생하고 있었다.

한 여학생이 손을 들고 질문했다.

"선생님, 그렇다면 논리를 활용해 문제들을 해결할 수 있을까요? 논리학의 실용성은 무엇인가요?"

폰 노이만이 잠시 생각하더니 말했다.

"이야기 하나를 들려드리죠. 유명한 작가 마크 트웨인이 한 파티에서 기자에게 말했습니다. '미국 국회에 몇몇의 의원들은 바보입니다.' 그 후 그는 〈뉴욕타임스〉를 통해 사과해야 했습니다. 그런데 그 사과 기고문이 매우 재미있었습니다. '미국 국회의 일부 의원은 바보가 아닙니다.' 그것은 논리성이 매우 강한 대답이었죠. 이 구조는 판단 관계에서 '일부 X는 Y이다'와 '일부 X는 Y가 아니다'는 같다는 것을 알 수 있습니다. 즉 마크 트웨인의 두 발언은 모두 서로를 뒤집는 주장이 아닙니다. 그렇게 마크 트웨인은 사과 기고문에서 자신의 뜻을 굽히지 않고 상대방에게 답을 한 것이지요."

폰 노이만이 계속 말을 이었다.

"《셜록 홈즈》에서 셜록 홈즈가 실마리를 찾는 과정을 묘사한 부분이 있는데 굉장히 인상 깊었습니다. '이것은 살인사건이야. 범인은 남자. 2미터가 좀 안 되는 키의 중년이지…… 부츠를 신고 있고 인도 시가를 피워.' 내가 _{왓슨, 셜록 홈즈의 조수}말했다. '셜록 홈즈, 자넨 정말 대단해. 하지만 방금 자네가 말한 것들이 확실한 것은 아니지?' '내 말은 절대 틀릴 리가 없어.' '……그럼 그 사람의 키를 어떻게 알았나?'"

폰 노이만이 학생들의 궁금해하는 표정을 보며 수수께끼를 밝혔다.

"사람의 키는 십중팔구 그의 보폭의 길이를 통해 알 수 있어. 나는 진흙밭과 집 안에 남겨진 진흙의 양을 보고 그 사람의 보폭 길이를 추측했지. 대부분의 사람들은 벽에 글을 쓸 때 자연스럽게 시선과 평행한 곳에 글을 쓰지. 벽의 글씨 흔적을 살펴보면 2미터가 조금 안되는 키야. 만약 누군가 힘을 들이지 않고 한 번에 성큼성큼 걸을 수 있다면 노인은 아닐 거야. 화원 안의 통로에 그렇게 넓은 물웅

덩이가 있는데 그는 분명히 한 번에 건너갔어. 그리고 바닥에 흩어진 담뱃재를 모아보니 그것은 색이 진하고 납작한 모양이었어. 인도산 시가만 그런 모양을 하고 있지."

모두 셜록 홈즈에게 감탄했다. 그리고 논리학의 정교함과 위대함에도 놀랐다.

"논리학은 일상생활에서 생명의 근원이자 소금과 같은 존재입니다. 만약 생활 속에서 논리가 없어진다면 생명이 규칙과 법칙을 잃은 것처럼 혼란스러워지죠. 매일 맛없는 음식을 먹는 것처럼 입맛이 떨어질 것입니다. 논리학은 또한 어디서든 볼 수 있는 물처럼 눈에 띄지 않아 소홀히 하기 쉽지요. 하지만 사람들은 그것과 떨어져 살 수 없습니다. 여러분이 논리학이라는 '황금 열쇠'를 잘 활용해서 논리학을 통해 여러분의 잠재력을 발굴해나가길 바랍니다!"

학생들이 하나둘 일어나 뜨거운 박수로 존경스러운 논리학자에게 인사했다. 클레어의 박수소리는 특히나 컸다. 사람들의 박수를 받으며 폰 노이만은 강단에서 내려왔다.

세계의 리더들이 논리학을 배우는 이유

초판 1쇄 인쇄 ㅣ 2019년 12월 12일

초판 4쇄 발행 ㅣ 2022년 11월 25일

지은이 ㅣ 치루루(齐露露)
옮긴이 ㅣ 권소현
펴낸이 ㅣ 김채민
펴낸곳 ㅣ 힘찬북스
출판등록 ㅣ 제410-2017-000143호

주소 ㅣ 서울특별시 마포구 망원로 94, 301호
전화 ㅣ 02-2272-2554
팩스 ㅣ 02-2272-2555
이메일 ㅣ hcbooks17@naver.com

ISBN 979-11-90227-03-2 03170
값 14,800원